社員の「1行報告」が会社を変える

「見える化」のオプティマイゼーション経営

株式会社三技協 社長
仙石通泰

かんき出版

◎まえがき

平成一九年七月一八日、私は、弊社社外取締役のモース氏、弊社在米顧問八木氏、オプティマイゼーションシステム本部の中村部長の四人で、カリフォルニア大学アーバイン校の大学院を訪問しました。

ビジネス&コンピュータサイエンス学科ビジェイ・ガーバカザニィ教授とビジャナンド・チョーダリィ助教授との面談の機会を得たのです。お二人とも情報工学の第一人者としてアメリカではつとに知られており、とくにガーバカザニィ教授は、情報技術とビジネス戦略の関わりに着目した実践的な経営管理学研究の開拓者として知られ、多くのＩＴ企業のコンサルティングに携わっているという経歴をおもちです。

そのお二人が、何の予備知識もなく、つまり事前に私どもから資料やデータをお渡ししていなかったにもかかわらず、わずか三〇分ほど私の説明に耳を傾けただけで、指摘されたのが次のコメントです。

「これはビジネスインテリジェンス、ナレッジマネジメント、ディシジョンサポート、プロセスオートメーションなどのシステムと機能を統合したグループウエアです。ここまで統合化して成功している例は珍しい」

ビジネスインテリジェンスとは何か、ナレッジマネジメントとは、ディシジョンサポートとは、プロセスオートメーションとは……を説明すると、かえって話がややこしくなりますので省略しますが、要するに、
——これまで企業の情報活動や社内に蓄積された経営資源である知識の活用、さらにはトップの意思決定のあり方などは個々に議論されることはあっても、「統合する」という発想はなかったし、それを実際にシステムとして統合した会社はなかった。しかし、三技協のPBT（パフォーマンス・ブレークスルー）とサイバーマニュアルは、まさに「統合の発想」から生み出された画期的な経営手法であり、今後の運用と展開次第では、二一世紀型のダイナミックマネジメントとして注目される可能性がある——
と評価していただいたのです。

ああ、やっと話がわかってもらえる人に巡り会えたという喜びと同時に、三技協がめざす方向性はまちがっていなかったと確信が得られました。

六年前から、PBT活動とサイバーマニュアルの推進に全社をあげて取り組んできた結果、そして具体的な成果については本文で詳しくふれますが、平成一九年五月期決算では、六年

前と比べて営業利益三五倍増を達成しました。このうちの二〇～四〇%はPBTとサイバーマニュアル効果といってもいいのです。

PBTとは、仕事を「考え方」「目的」「役割」に分けて鳥瞰図を描いたり、フローチャートなどにしていくことによって解決策を導く、いわば問題解決手法の一つとご理解ください。受注獲得の手段、業務効率向上の手順、作業改善のヒントがどんどん出てきます。

サイバーマニュアルとは、「当社の社員だけが読むことができるウェブ上の業務マニュアル」です。会社の経営方針、就業規則などのほかに、画面上で出張旅費の精算もできるし、ベテラン技術者の知識やノウハウも掲載されています。また、社長以下役員や部長など経営幹部の会議や打ち合わせで何が話し合われたか、サイバーマニュアルはだれでも知ることができます。

もし、一人ひとりの社員がもつ経験や知識、ノウハウといったものを全社員が共有できたとしたら……それは夢のような話かもしれません。しかしサイバーマニュアルによって、「個人知を集団知へ」という当社の試みは確実に実現しつつあるのです。

このPBTとサイバーマニュアルについては、いろいろな企業からのお問い合わせ、あるいはマスコミの取材を受けましたが、そのつど正確に伝わらないもどかしさを感じていました。むろん、私の説明不足もありますが、やはり、カリフォルニア大学アーバイン校のお二人が指摘したように、「これまでになかった経営手法」であったために、本当にそんなことが実現するのかという疑問が先立ってしまい、なかなか理解が得られなかったのだと思います。

今日、企業はさまざまな局面で「格闘」を強いられています。技術の進歩はビジネスの仕組みを変え、グローバリゼーションは我々の仕事の場を変えつつあります。「一寸先は闇」といってよいほど変化の激しい時代、生き残りのカギは「より迅速に」そして「より賢く」です。

本書では、この課題を解決するために、ＰＢＴとサイバーマニュアルをどのように導入させてきたかを具体的に述べています。多くの企業の企業再活性プロセスにお役に立てることができれば幸いです。

二〇〇七年九月

株式会社三技協
代表取締役社長　仙石 通泰

社員の「一行報告」が会社を変える

目次

目次

2章 土壌づくりは社員の意識改革から

3章 オプティマイゼーション経営へのスタート

5章 サイバーマニュアルの仕組みと活用法

6章 オプティマイゼーション経営を支えるインセンティブ

7章 やればできる！

カバーデザイン◎藤瀬和敏
本文デザイン◎株式会社 虔

1章

全社員の「一行報告」で会社が変わり始める

◆会社はいつ、どんなことで滅びるかわからない

ＰＢＴとサイバーマニュアルを生み出したきっかけはなんだったのかというと、ひと言でいえば、赤字体質からの脱却のためです。

会社が滅亡してしまうことが怖い……その恐怖心が私のドライビングフォースとなってさまざまな発想と実行を生んできました。赤字体質ほど怖いものはありません。業績の赤字は何とか乗り切れます。しかし、会社の土壌そのものが赤字体質だと、いくらみんながんばっても赤字を払拭することはむずかしいのです。

土壌を変えるということは、雑草も生えない土地を開墾して、ゆくゆくは農地になるまでの過程です。トラクターで硬い原野に溝を掘り、その筋に緑を植え、家畜を飼い、その糞が養分となり、草原となり土地が変わっていく。それは並大抵のことではありません。

荒れた農地の土壌を変えて挑まざるを得ない苦労話はよく聞く話ですが、それは泥沼に足を踏み入れたようなもので、その過程は葛藤や苦労の連続です。もがけばもがくほどズブズブと深みにはまり込んでいくような場面が何度もありました。

私が三技協に入ったのは一九九〇年ですが、当時、グループ会社を含めて約七〇〇人の社

員がいました。家族を含めると一三〇〇人を超える人たちの生活がかかっています。その人たちを路頭に迷わせるわけにはいきません。

この一七年間、「社員の意識改革」と「赤字体質からの脱却」をめざしてきました。とくに六年ほど前から強力に進めてきたのが、ＰＢＴ活動であり、サイバーマニュアルの推進です。その結果、ここに来てようやく収益構造の改善も進み、社員の意識改革も軌道に乗りつつあります。

ひと息ついたのではないかといわれることもありますが、これで安心などと思ったことは一度もありません。経営というのは怖いものです。

業績は順調に推移していても、いつ、どんなことで会社が滅びるかわかりません。今日は大丈夫だったけれど、明日はわからない、常にそうした危機感をもっています。油断してはいけない、隙を見せてはいけない、と自らにいい聞かせてきました。

私は中学から大学までずっと柔道をやってきました。柔道選手としては小柄ですから、体の大きい相手と闘うときは先に技をしかけ続けなければなりません。一瞬でも気を抜いたり動きを止めればスッともっていかれます。じっとしているわけにはいきません。

経営にも相通じるところがあって、父親の後を継いでこの会社に来たときは、いつ潰れてしまってもおかしくないという状態でしたから、なんとかしなければいけない、何かしなければいけない……そんな毎日でした。

会社はどうしたら生き残れるのか。要は、「赤字体質から永続的な増収増益体質への切り替え」が実現できればいいということですが、それには、どんな方策を講じるにせよ、まず「社員の意識改革」が不可欠です。日々の経営活動のなかで、これでいいのか、改善する余地はないのか、もっといい方法はないのか、常にそういった目で見直してきました。

◆PBTとサイバーマニュアルの導入で利益三五倍増！

永続的な増収増益体質の実現、そのために当社が一〇年ほど前から強力に進めてきたのが、PBT（パフォーマンス・ブレークスルー）」と「サイバーマニュアル」を核とした「オプティマイゼーション経営」の実践です。

PBTとサイバーマニュアルを現在の形で導入したのは、〇一年ですが、その後六年間の経営状態を以前と比較すると**（図表1－1）**、利益は三五倍と大幅に収益構造が改善しました。

この間、売上げは少々、減少状態が何年か続きましたが、〇六年以降は増収増益基調になりました。これまでの辛苦を考えると、これから起こるどんな環境変化にもPBTとサイバーマニュアルを対応させながら増収増益構造を持続させるのだ、と決意を新たにしています。

図表 1-1　PBT とサイバーマニュアルの導入で利益三五倍増！

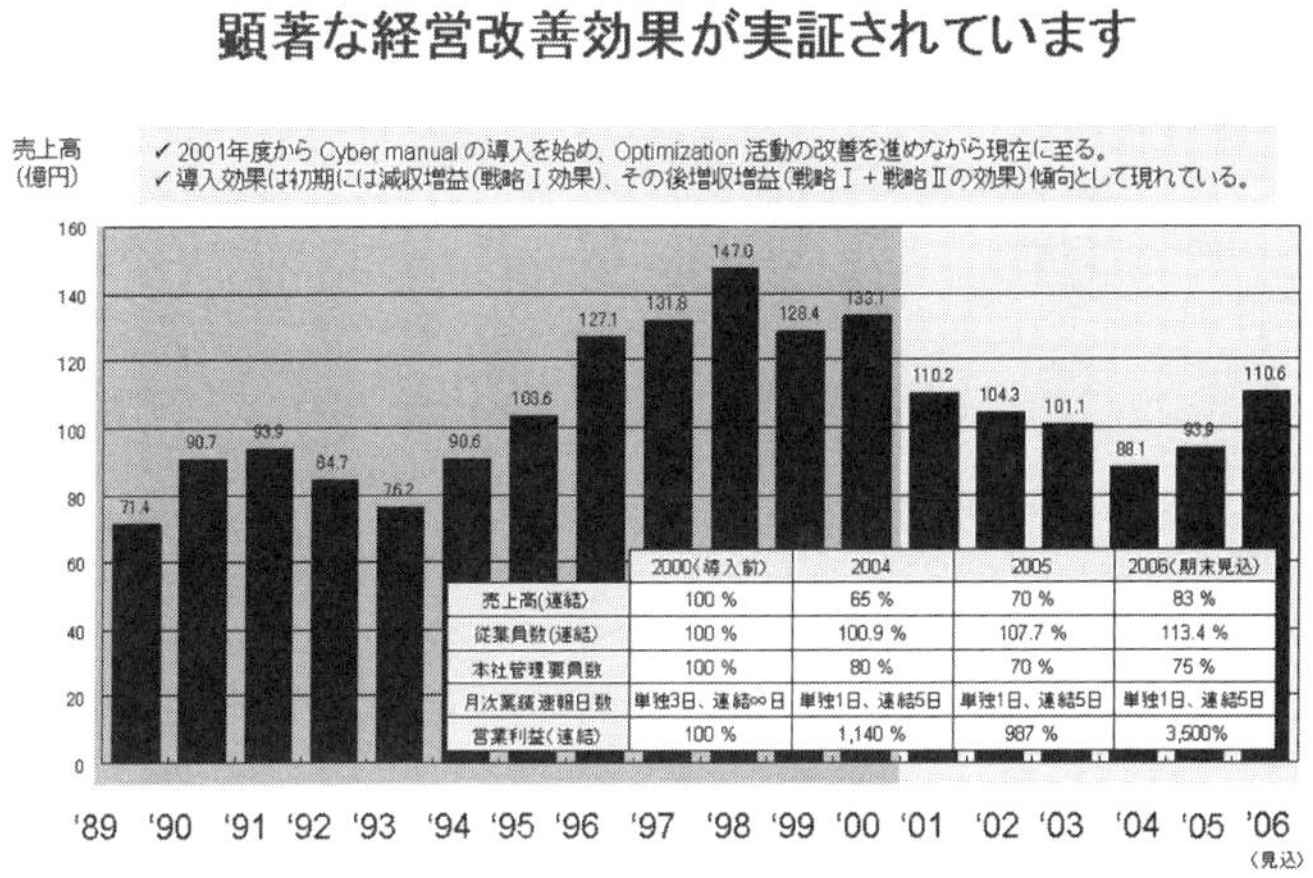

	2000(導入前)	2004	2005	2006(期末見込)
売上高(連結)	100 %	65 %	70 %	83 %
従業員数(連結)	100 %	100.9 %	107.7 %	113.4 %
本社管理要員数	100 %	80 %	70 %	75 %
月次業績速報日数	単独3日、連結∞日	単独1日、連結5日	単独1日、連結5日	単独1日、連結5日
営業利益(連結)	100 %	1,140 %	987 %	3,500%

会計年度は6月～翌年5月(06年度は2007年5月締め)

すでに当社の場合、総務や人事機能は以前の数倍高められていますが、総務部や人事部という名称のセクションはなくなっています。本社の管理要員も三〇パーセント近く削減できています。管理業務の効率向上の仕組みは管理部門だけでなく全社的にも定着してきました。私どもの規模の企業でも、これだけの成果が得られていますから、PBTとサイバーマニュアルの導入を核としたオプティマイゼーション経営を実践する企業が増えれば、日本のGDPを押し上げるくらいの効果があるとさえ思っています。

ところが、オプティマイゼーション経営とは何か、PBTとは何か、サイバーマニュアルとは何か、その説明がまことにむずかしいのです。いろいろな場所で、それこそ伝道師になったつもりで話をしているのですが、なかなかご理解いただけないのが実状です。たぶん、日本でも初めてのケースだからだと思います。ご理解いただけないというよりも、本当にそんなことが実現するのかという驚きがまず、先に来てしまうのかもしれません。

◆すべての知識と情報を、だれでもいつでも入手できる

PBTとサイバーマニュアルを導入して以来、当社の経営はガラリ一変していますが、その一つは、経営の透明化がより進んだことです。

なぜ、ＰＢＴやサイバーマニュアルを導入すると、経営に隠し事がなくなるのか、その仕組みについては別途説明しますが、当社の場合、個人情報に関する部分を除くと、企業活動のすべてが公開されています。当社の場合、「すべて」といい切っても大げさではないと思います。役員の日々の行動だけでなく、会議や打ち合わせの場でどんな発言をしたかもサイバーマニュアル上で公開されています。これは後で詳しくふれます。

経営がガラス張りになっていることによるもう一つのメリットは、不祥事や法令違反をもみ消せないようになっている点です。企業が倒産の危機に追い込まれるのは、業績不振だけではありません。近年、企業の不祥事隠しや法令違反などが発端となって、経営が危うくなったというケースが相次いで発生しています。

大企業だけでなく中堅中小企業にも、リスクマネジメントの重要性がクローズアップされてきたと思いますが、それでも跡を絶たないのは、経営者や役員・幹部が表沙汰になっては都合の悪いことを握りつぶせるからです。

とくに消費者や顧客からの苦情・クレームに対しては、その対応を誤れば命取りになりかねません。ところが、不祥事隠しはいっこうになくなりません。だれでも自分に不利になることは隠しておきたい、できるだけ処理を先送りしたいと思ってしまうためでしょう。トップとしては、それが怖いところです。

当社の場合、顧客企業から苦情やクレームが出た場合、即座に、トップ以下役員や本部長宛てに速報がメールで送られる仕組みができあがっています。トラブルが発生して一〇分後にはトップだけでなく、役員、本部長、部長のほか関係するスタッフが情報を入手したというケースも頻繁にあります。

ふつう、苦情・クレームが出たり不祥事が発生したりすると、表沙汰にしないですむ方法はないかとだれでも考えると思いますが、当社の場合、「一刻も早くみんなに知らせろ、そのほうが会社のためになる、みんなのためになる、本人も楽になる」と、ことあるごとに指導しています。そのような仕組みもできています。そのあたりの意識改革はかなり浸透してきました。

◆事故・クレーム情報は一〇分でトップに伝わる

具体的な事例で説明しましょう。「サイバーマニュアル」とは、当社の社員だけが読むことのできるウェブ上の業務マニュアル」と前述しましたが、**図表1－2**は、お恥ずかしいことですが、取引先企業から預かっていた作業現場への入場パス・携帯電話を当社の社員が紛失（盗難）したというケースです。

図表 1-2　事故・クレーム情報の第一報は 10 分で送信される

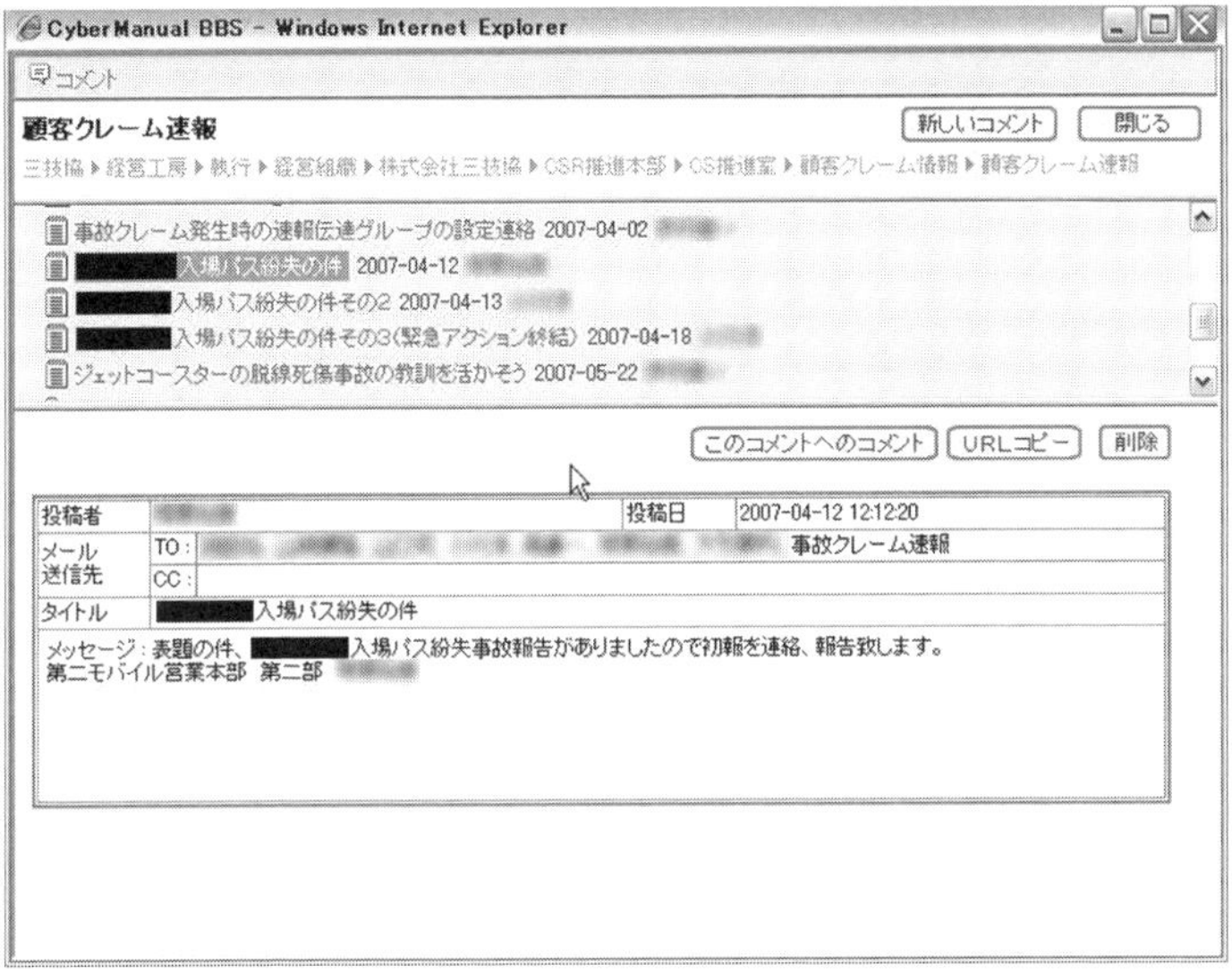

当社の社員は、出社したらすぐにサイバーマニュアルを立ち上げますが、トップページの「緊急報告」のなかに、この事故・クレーム情報が送られることになっています。

サイバーマニュアルから発信されるこのメールの送信宛先には、あらかじめ送達すべき宛先が掲載されており、自動的に社長以下、全役員、本部長、部長クラスのパソコンに速報が送信されます。メールの宛先欄には、何人かの個人名が掲載されていますが、これは業務に関連したスタッフです。

この場合、担当者は直属の上司に電話で第一報を入れると同時に、携帯しているパソコンから「速報」を流します。

第一報が流れた後は、どんな状況下で入場パス・携帯電話を紛失したのかが時系列的に記載された詳細な報告書（**図表1－3**）が作成され、関係者は自分のパソコンの画面でこれを読むことができます。

この図表の報告書を見ると、何時何分、○○線○○駅から乗車、紛失したカバンは網棚に置いたこと、そのときの自分が座っていた場所とカバンの位置関係の図示、何時何分に紛失したことに気づき……と、きわめて具体的に記載されています。これほど詳細な事故・クレーム情報がその日のうちに伝えられます。全社員がサイバーマニュアルから見ることができるようになっています。

図表 1-3　詳細な報告がサイバーマニュアルに掲載される

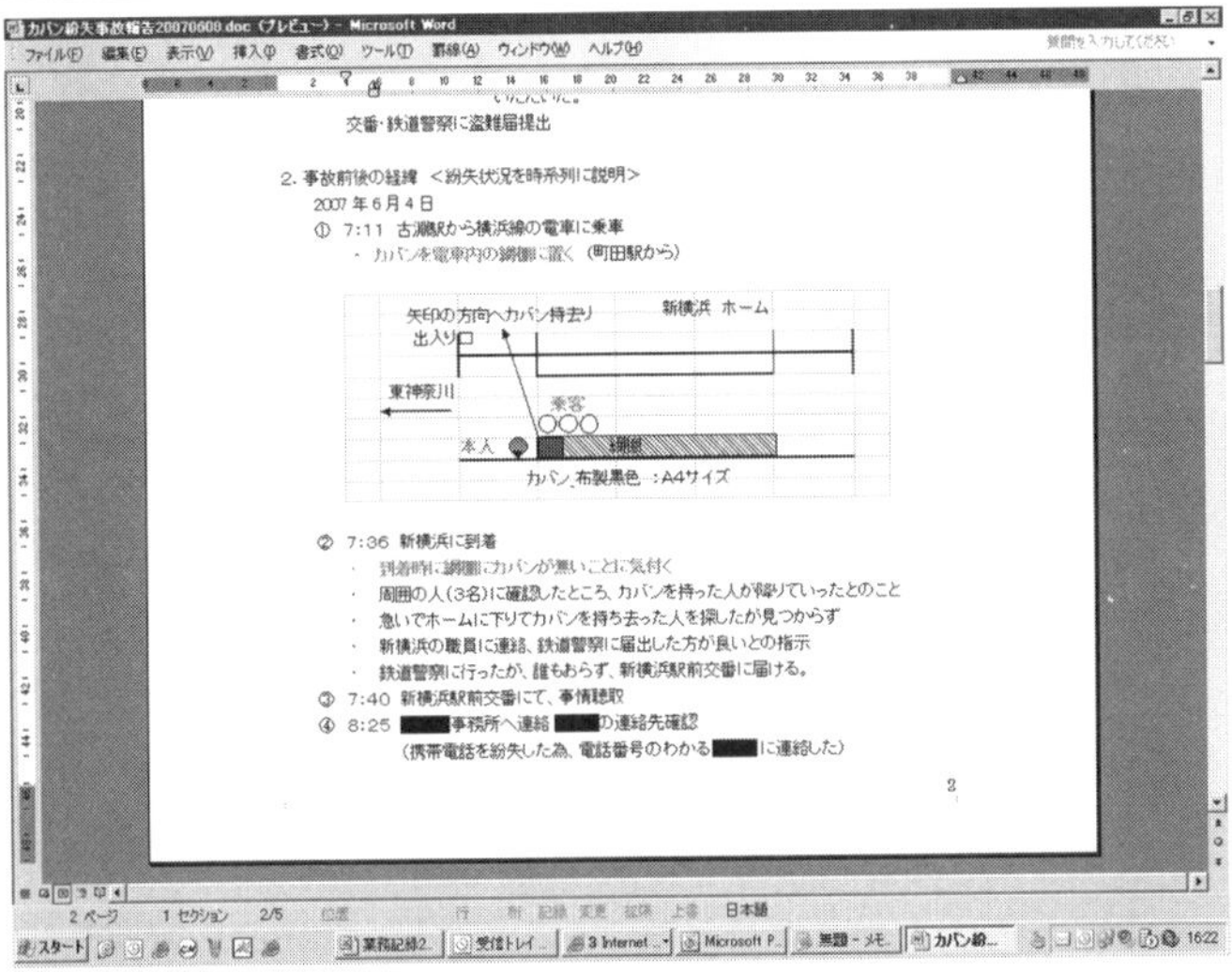

交番・鉄道警察に盗難届提出

2. 事故前後の経緯　<紛失状況を時系列に説明>

2007 年 6 月 4 日

① 7:11　古淵駅から横浜線の電車に乗車

・カバンを電車内の網棚に置く（町田駅から）

② 7:36　新横浜に到着

・到着時に網棚にカバンが無いことに気付く
・周囲の人（3名）に確認したところ、カバンを持った人が降りていったとのこと
・急いでホームに下りてカバンを持ち去った人を探したが見つからず
・新横浜の職員に連絡、鉄道警察に届出した方が良いとの指示
・鉄道警察に行ったが、誰もおらず、新横浜駅前交番に届ける。

③ 7:40　新横浜駅前交番にて、事情聴取

④ 8:25　[redacted]事務所へ連絡 [redacted]の連絡先確認

（携帯電話を紛失した為、電話番号のわかる[redacted]に連絡した）

2

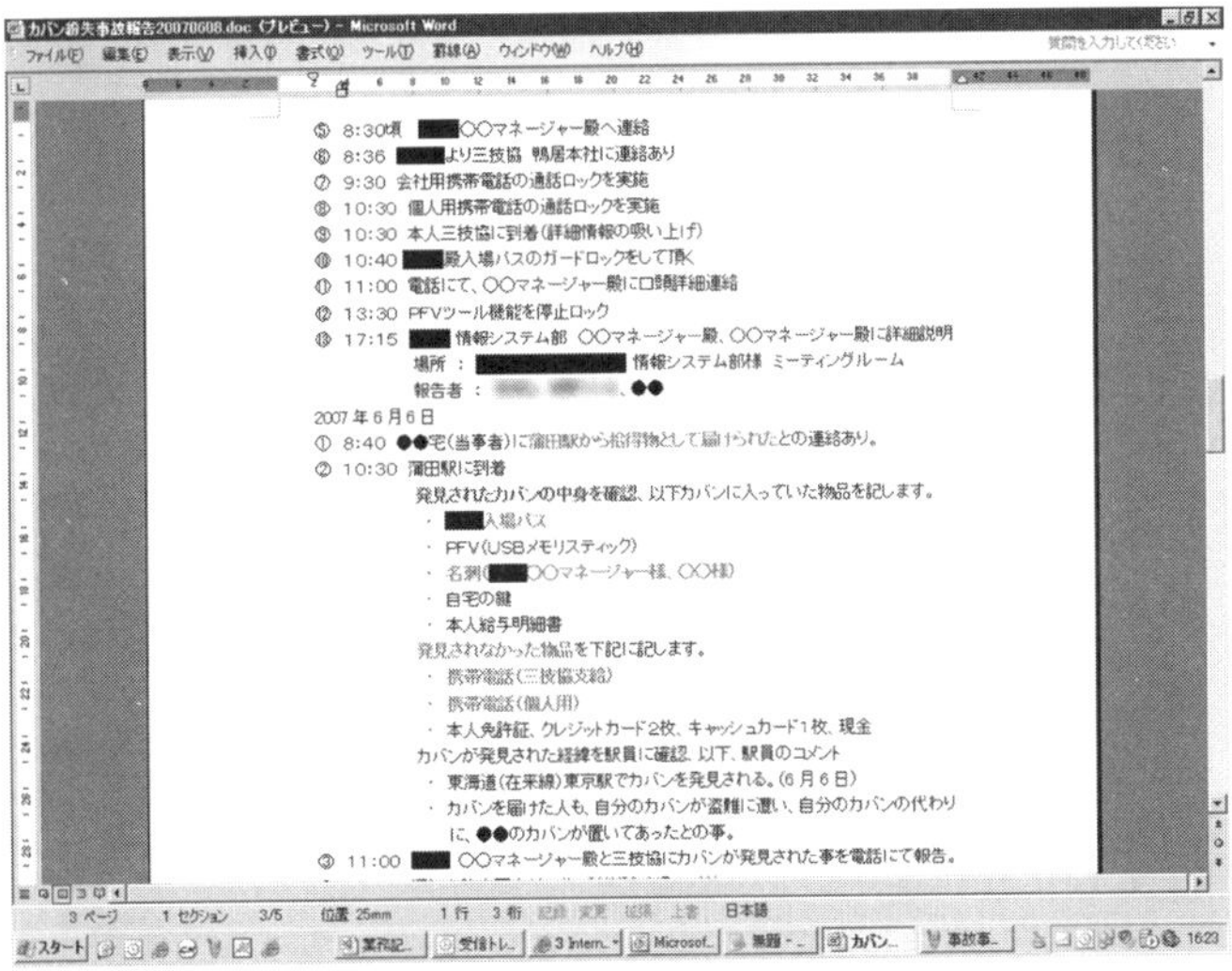

⑤ 8:30頃　[redacted]○○マネージャー殿へ連絡

⑥ 8:36　[redacted]より三技協　鴨居本社に連絡あり

⑦ 9:30　会社用携帯電話の通話ロックを実施

⑧ 10:30　個人用携帯電話の通話ロックを実施

⑨ 10:30　本人三技協に到着（詳細情報の吸い上げ）

⑩ 10:40　[redacted]殿入場パスのガードロックをして頂く

⑪ 11:00　電話にて、○○マネージャー殿に口頭詳細連絡

⑫ 13:30　PFVツール機能を停止ロック

⑬ 17:15　[redacted] 情報システム部　○○マネージャー殿、○○マネージャー殿に詳細説明

場所 ： [redacted] 情報システム部様　ミーティングルーム

報告者 ： [illegible]、●●

2007 年 6 月 6 日

① 8:40　●●宅（当事者）に蒲田駅から拾得物として届けられたとの連絡あり。

② 10:30　蒲田駅に到着

発見されたカバンの中身を確認、以下カバンに入っていた物品を記します。

・[redacted]入場パス
・PFV（USBメモリスティック）
・名刺（[redacted]○○マネージャー様、○○様）
・自宅の鍵
・本人給与明細書

発見されなかった物品を下記に記します。

・携帯電話（三技協支給）
・携帯電話（個人用）
・本人免許証、クレジットカード2枚、キャッシュカード1枚、現金

カバンが発見された経緯を駅員に確認、以下、駅員のコメント

・東海道（在来線）東京駅でカバンを発見される。（6 月 6 日）
・カバンを届けた人も、自分のカバンが盗難に遭い、自分のカバンの代わりに、●●のカバンが置いてあったとの事。

③ 11:00　[redacted] ○○マネージャー殿と三技協にカバンが発見された事を電話にて報告。

このような社内の問題の速報のほかに、大規模地震発生などの場合も、発生後一〇分程度で第一報がサイバーマニュアルに記載され、同時に関係者に配信されます。現地では会社、得意先、協力会社の社員、家族の安否確認のあと、顧客通信事業者はもとより、ふだんおつきあいのない通信事業者の基地局の復旧活動にも支援の申し出を行うなど、通信インフラの復旧に活動するのが、当社社員の当たり前の姿になっています。

これらの状況はすべてサイバーマニュアルを介してつぶさに報告され、全社レベルの情報共有と協力態勢が取られています。

◆不祥事情報を上司が握りつぶせない仕組みをつくる

事故・クレームが発生した場合、まず直属の上司に報告し、上司の判断で担当の役員なりトップに情報が伝わればいいというのが一般的な対応です。また、クレーム情報の内容によっては、多くの人間が知る必要のないケースがあるかもしれません。

しかし、自分に不利な情報というのはだれでも隠したがるものです。部下からのクレーム情報を直属の上司が握りつぶし、それが後で発覚したときはもう手の打ちようがなく、いきなりトップがマスコミの追及にさらされるという例はいくらでもあります。

不祥事を起こしたある会社のトップが、入院している被害者にどう詫びるのかと新聞記者に追及されて、私だって夜も寝ないでがんばっているんだと居直った発言をし、世論を敵に回してしまったケースがありました。

もし早めに情報がトップに伝わっていたら、あるいは過去に似たようなトラブルが発生したときにマスコミはどう取り上げたか、会社の対応はどうだったかなどのデータがあれば、トップの対応は違っていたと思います。

この会社の場合、業績が順調に推移していたにもかかわらず、不祥事が発生したときの対応が後手後手に回っただけでなく、トップの発言が適切でなかったこともあって、会社は解体の危機に追い込まれてしまいました。これだから経営というのは怖いのです。

多くの場合、そもそもの発端は一人か二人の社員の情報隠しが原因です。消費者からの苦情や取引先からの事故・クレーム情報は絶対に隠すなと厳命すればいいのですが、人間というのはそんなに強いものではないし、賢い生き物でもないのです。

顧客からクレームが出た、あるいは部下が仕事をミスして会社に損害を与えたというとき、真っ先に頭に浮かぶのは、どうしたら隠せるか、表沙汰にしないですませられるか、トップに隠し通せるかということでしょう。

ですから、当社では、苦情・クレーム情報を含めてどんな情報でも、本人だけでなく、あえて直属の上司や担当の役員が握りつぶせないような仕組みにしたのです。握りつぶしたいと思っても、みんなに情報が伝わってしまっています。困ったことが起きると、だれだって、どうしたら他人に知られないですむかで頭がいっぱいになってしまうものです。

こうなったら肝心の「どう後始末をするか」に知恵が湧いてきません。それが対応の遅れを生むのだと思います。他人に知られたくない情報ほど、みんなに知らせてしまったほうがいいのです。

◆失敗・事故情報を再発防止や被害対策に役立てる

自分のミスによって仕事に支障をきたした、みんなに迷惑をかけた、会社に損害を与えたという場合、その顚末を公表するというのは勇気がいることです。しかし、本人には気の毒ですが、失敗情報のほうが役に立つことが多いものです。

「そうか、この人の場合、ここで確認を怠ったからミスが出たのか」「マニュアルどおりに手順を踏まなかったからトラブルが起きたのだ」「この作業結果は念入りにチェックしなければいけないのだ」など、わが身に置き換えて学ぶことができます。

先ほどの入場パス・携帯電話の紛失（盗難）のケースでいえば、入場パス・携帯電話は絶対に身体から離してはいけないことがわかります。失敗情報はへたなマニュアルよりずっといいのです。

次ページ**図表1－4**は、〇六年一〇月から〇七年六月までに発生した「事故・クレーム」に関する検索結果です。それぞれの項目をクリックすると、携帯電話紛失のケースと同じように具体的な経緯が詳細に記入されたページを読むことができます。

こうした事故・クレームや失敗についていては、九六年にその撲滅運動をスタートして、当初は年に一三〇件もあったものが、現在では年間三、四件までに激減しました。

サイバーマニュアルには事故・クレーム情報を含め約一万のドキュメントが蓄積されていて、いつでも、どこにいても、だれでも目を通すことができます。これがサイバーマニュアルの特性の一つです。

過去に発生した事故・クレームに関するデータのなかには、なぜこのトラブルが発生したか、どう処理したか、反省点は何かなどを記入する項目が含まれていますから、過去の事例をチェックすれば、新たなトラブルにどう対応したらいいかがわかります。

このメリットは大きいと思います。事故・クレームや不祥事への対応を誤るケースが多いのは、過去の教訓が生かされていないためです。

ミスが発生した場合、本人や上司へのペナルティは、いっさい科していません。ミスは正

図表 1-4　事故、クレームで検索すると……

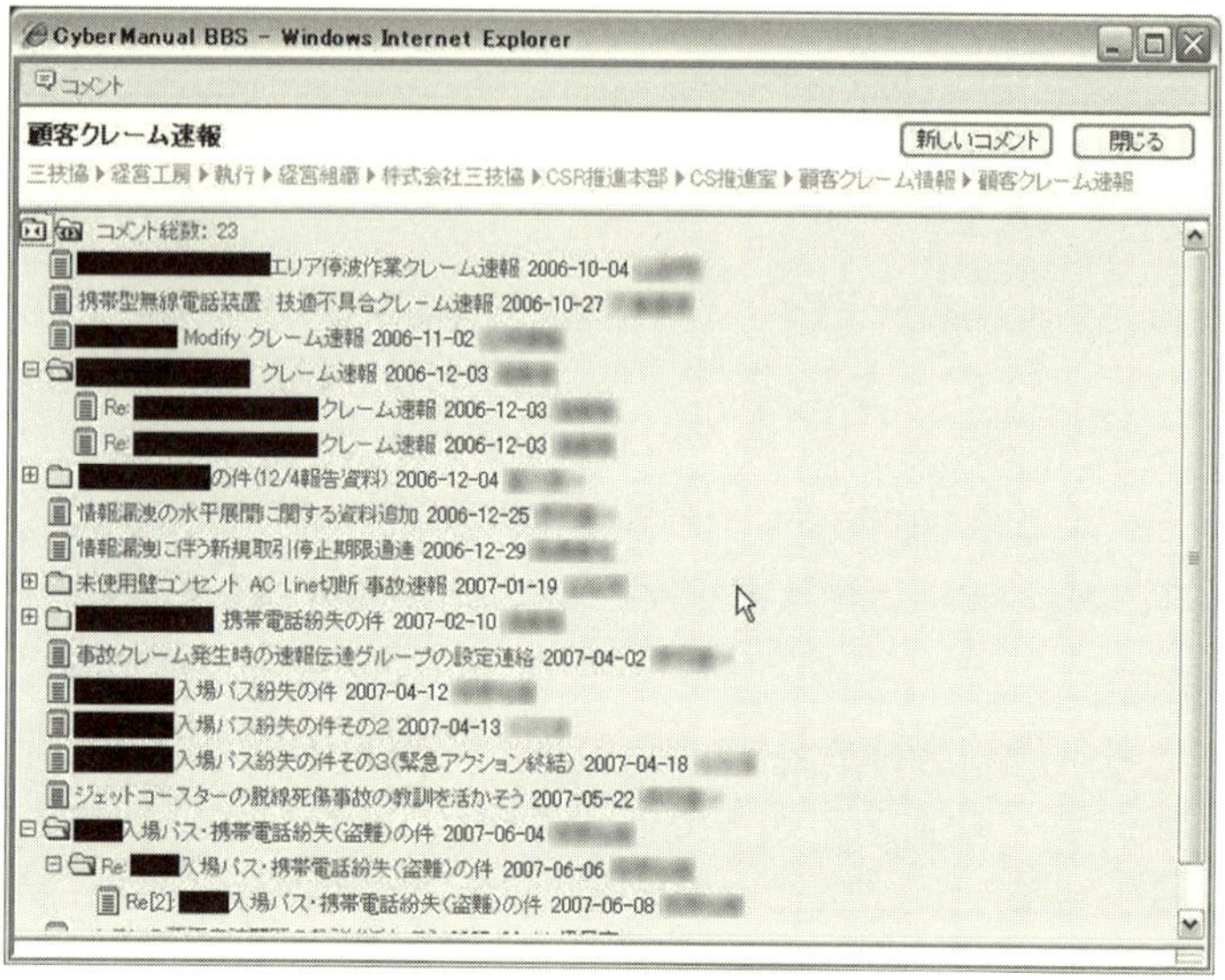

直に報告しろ、しかし責任は問うというのでは、ミスは隠蔽されるようになります。これが怖いのです。ミスはミスとして報告させますが、実際には、本人の評価が減点になるどころか、加点要素にさえなっています。その代わり、正直に、迅速に報告しろと定めてあります。むろん、故意や重大な過失が原因の場合は処罰の対象になりますが、これは当然です。

◆全社員の日々の動きが手にとるようにわかる

図表1－5は、「一行報告」と呼んでいる一週間の業務報告です。幹部社員Tのケースですが、「〇七年〇月〇日、〇〇社、システムサポート訪問」とあり、その下のURL（コメントリンク）をクリックすると、具体的な仕事の内容がきめ細かに記載されたページに飛びます。その翌々日、Tは「経営会議」と「本部会議」に出席しています。その会議でどんな話し合いが行われたか、何が決まったかなどは、同じように、コメントリンクをクリックすれば閲覧することができます。

図表1－5の週報を報告するのは、部長以上の役職者が対象になっています。この週、だれが、どんな動きをしていたかはいちいち本人から口頭で報告を受けなくてもパソコンの画面を見れば一目瞭然です。それぞれの幹部社員の一週間の動きのなかで、社長として知って

図表 1-5　日々の行動が一行で報告される

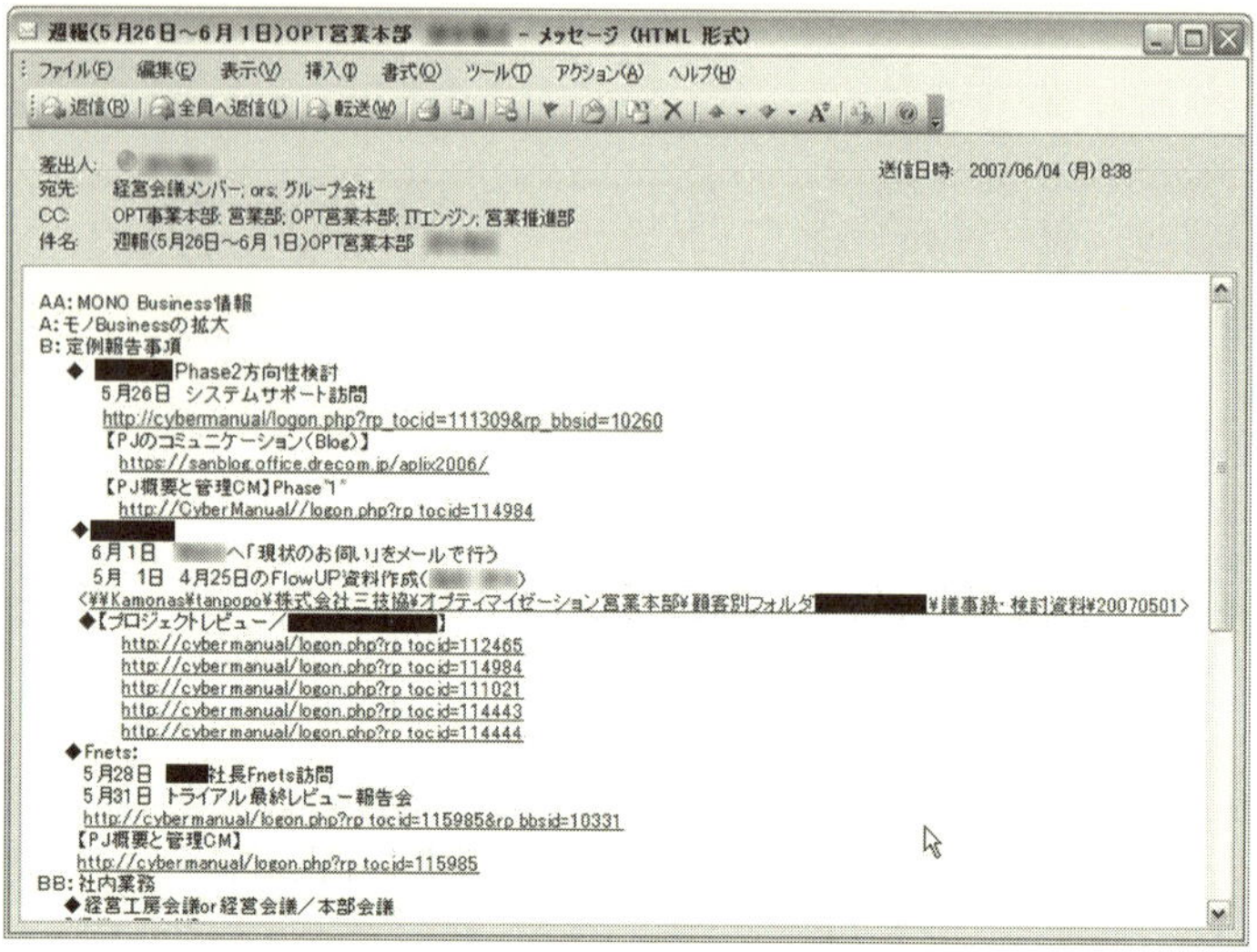

おきたい項目をクリックすればいいわけです。

役員や本部長、部長クラスの人間がどんなテーマをかかえて動いているかは、サイバーマニュアルをチェックしなくても、いちおう把握していますが、どこのだれと会って、どんな話をしているか、どんな会議に出て、どんな発言をしているかは、本人から直接報告を聞かなくても知ることができる状態になっています。これは私だけでなく、原則として、すべての社員が閲覧できます。

トップだけでなく、全社員から「監視」されているようなものですから、うかうかできないと思うかもしれませんが、他人の目があると意識することは大事なことです。常に緊張感をもてというわけではないけれど、人間というのは、他人の目を意識するからこそ我が身を律するのだと思います。

◆「一行報告」が社員の仕事力を高めていく

業務報告を一行に要約することは一見、ささいなことのようですが、実はこの一行報告の定着は、社員の意識改革はもとより、当社の体質改善がどれくらい進んだかを示す一つのバロメーターにもなっています。

いわゆる「ホウレンソウ（報告・連絡・相談）」の重要性はだれでも指摘するのですが、「報告の技術」については意外と盲点になっています。

話が長い、要領を得ない、不必要なことが多い、意味不明などの「報告ベタ」のほかに、正直に報告しない、事実を隠す、ウソを報告するなどのケースもあります。不祥事隠しの多くはこのケースですが、「報告ベタ」や「偽装された報告」が存在するようでは、まだまだ社員の意識改革は進んでいないし、当然、会社の体質改善も遅れているということになります。

みなさんの身の回りを見回してください。ヤリ手とかキレ者といわれる人間というのは、例外なく「報告上手」です。自分のいいたいことを相手に正確に伝え、納得させる……これだけでも大変なことですが、いまの時代、スピードが要求されます。要領よく、的確に報告するという技術が必要です。当社で「一行報告」が定着したということは、そういうビジネスセンスをもった社員が多くなったということです。

社員のレベルと企業の体質改善は比例しています。社員のレベルは低いけれど会社の体質改善は急ピッチで進んでいる、などということはないのです。当社の場合は、後でふれる「構創塾」などによって、トップと社員とのコミュニケーションを積極的に進めながら、その一方で、下請け体質からの脱却のために新しい事業に取り組んできました。

以前のように、特定の企業からの請負仕事が多かったときは、報告上手とか報告ベタということは表面化しません。「あの件ですが」でも話が通じていたのです。しかし新しく受注した仕事となると、技術的にも未経験のことが多く、「あの件」では通じません。「あれ」を正確に表現しなければなりません。

それに現場からの報告のなかには、たいていの場合、トップの承認や決裁事項も含まれていますから、「正確な報告」であると同時に、「要領よく」とか「的確に」報告する技術も必要です。現場で何かトラブルが発生した場合、トップは報告を受けると同時に決断し、具体的な指示を出さなければなりません。「考えておく」とか「後で連絡する」というわけにはいかないのです。

配線工事を間違えました。原因はコレコレです。最初からやり直すには、これだけのカネがかかります。代替部品でもとりあえずはなんとかなりますが、受注先の承認がとれなかったときは、納期は間に合いません

こうした緊迫した状況のなかでは、否応なしに「要領よく」「的確に」報告するということがいかに大事かを、みんなが知るようになります。

「結論を先にいえ」「要するに、何がいいたいのだ」「どういう考えでやろうとしているのだ(儲けたいのか、スキルを上げたいのか、能率を上げたいのか)」――このようなやりとりを重ねていくうちに、報告の技術だけでなく表現力が自然に身につくようになったのです。そ

の集大成が「一行報告」です。これもサイバーマニュアル効果の一つといっていいでしょう。

◆現場の社員が重要な情報センサーだ

サイバーマニュアルには約一万件のドキュメントが「格納」されていますが、それぞれのドキュメントには一件につき一～三〇ページを超えるデータが蓄積されています。これらはすべて社員が書きためたものですが、「書く」ことの効用はいろいろあります。

すべての社員が考えるようになったということも特筆したいことの一つです。というと、当社の社員はこれまでは何も考えていなかったように聞こえるかもしれませんが、そうではありません。「書く」ことによって、自分の考えていることが明確になるだけでなく、「伝える技術」が自然と身についてきたのです。私自身、経営理念を何回も書き直してきました。同じ信条を伝えるにも、言葉や文章を書き換えて社員に伝わりやすい工夫をしてきました。

このことは、テーマを決めて書いてみればよくわかります。書く材料はたくさんあると思っていても、いざ書き出してみると二、三行しか書けないという経験はだれにもあると思います。書くことに慣れていないということもありますが、やはり自分が何を書きたいのかがはっきりと決まっていないためです。

ですから、一般の業務報告書であれ、事故の顛末書であれ、自分が担当する業務マニュアルであれ、「書く」ということは、自分の考え方をまとめるということにとても役に立ちます。書くことによって、本来、この仕事はどうあるべきなのかが見えてくる場合もあります。

また、書くことによって、周辺業務に大事なポイントがあったことに気づくこともあります。たとえば、顧客企業のだれと、どんな話し合いをしたのか、どんな話題が出たのか、先方の担当者の反応はどうだったのかなど、いろいろ思い出して書いているうちに、いまの仕事の延長線上に、自社の技術なりノウハウが応用できることがあったと気づく場合もあります。

顧客の現場責任者との打ち合わせの際に、実は別の現場でこういうことで悩んでいるといった話が出てくるようなことがあります。普通は、そうですか、ご苦労が多いですねで終わってしまうものですが、「〇〇社の担当者からこんなことに困っているという話が出た」とサイバーマニュアルに書けば、その書き込みを読んだ別のセクションの社員がその情報を新たなビジネスに結びつけて役立てることもできます。

書き込んだ担当者にとっては、メモ程度のことであっても、別の人間には「喉から手が出るほどほしかった情報」であるかもしれません。

新しいアイデアというものは、実は考え抜いて思いつくというより、何気ない一言、無関係と思われる断片情報から生まれることが多いのです。そうしたことも「書く」ことの効用の一つです。書くことによって、観察眼も磨かれ情報感度も鋭くなるのです。

現場にいる各社員は、お客様とその関連業務のなかにいる「センサー」です。一般的にセンサーとは、情報を感知し通報する仕組みを指しますが、当社の社員も同じようにお客様の困っていること、お客様に提案すべきこと、もっとお客様が楽になることを察知して上司や同僚に知らせ、お客さまの痒いところに手が届く新しい提案をするための重要なセンサーの役割を担っているのです。

◆サイバーマニュアルは進化しつづける

このサイバーマニュアルの大きな特徴は、進化しつづける点にあります。単に、定例的な業務マニュアルを手早く引き出すことができるとか、複雑な作業手順が新人でもわかるといった利便性だけでなく、約一万ドキュメントと数が揃うことによって、新規事業開拓にも威力を発揮するなど、スタート時点では予想もしていなかった機能を発揮しつつあるというのが実状です。

品質改善や納期短縮にも大きな役割を果たしています。売上げの伸び以上に利益が増えたのは、サイバーマニュアルの導入によって、単純なミスやロスなどが大幅に減少しているだけでなく、工程や資材のムダもカットできています。人の活用面でも、一人二役三役の仕事量をこなしている社員が多くなりました。そうしたことの積み重ねが三五倍の大幅増益という成果を生み出したともいえます。

このサイバーマニュアルを動かすエンジン部分についても、これまでに何度か改良を加えており、バージョンアップしています。現在一万を超えるドキュメントの数はさらに「アメーバ」のように増殖しつづけると思います。同時に、ドキュメントの改版も進みます。

この先も進化のスピードは加速していくと思いますが、どんな進化をするのかは、サイバーマニュアルを利用する人間しだいです。時代の変化に適応した技術を導入して、環境変化に対応した内容を盛り込んで、自己革新に挑み続けていきたいと考えています。

2章

土壌づくりは社員の意識改革から

◆バンカラでオシャレ無用の企業風土では困る

どんなきっかけがあって、ＰＢＴやサイバーマニュアルのようなものを思いついたのかと聞かれて、とっさに言葉が出ないことがあります。あれもそう、これもそう、いや本当の動機はこうだった……いろいろな思いが錯綜して、さて何がきっかけだったのか言葉選びに迷うのですが、結局のところ、いろいろなことをしなければ生き残れなかった。その「いろいろなことの集大成」がＰＢＴやサイバーマニュアルに結実したのです。

まず、そのあたりからお話ししていきます。

父の興した株式会社三技協に私が入社したのは一九九〇年のことです。四七歳。大学を卒業後、ソニーに入り、創設当時のソニープラザに参加しました。その後ソニー企業の開発事業部を経てソニートレーディングに移籍、七年間のアメリカ勤務の後、七九年に帰国、最後はソニープラザ取締役営業本部長として国内営業にたずさわっていました。

ソニー在籍二三年間を通じて、私は常に次のソニーをつくるための部署と立場にいました。そして八七年から非常勤取締役として当社の経営に関わり、九〇年に取締役経営企画室長として入社しました。

長い間、個人の自由・意思・意欲を尊重するソニーという会社にいて、いきなり旧態依然としたテレコム・エンジニアリングの下請け企業に入ってみると、大きなギャップを感じたものです。

いや、ギャップなどという生やさしいものではありませんでした。たとえば、社員の「見た目」にも大きな差があったのです。

当時、当社の社員の多くは、ひと口でいうと、時代に合わないバンカラでオシャレ無用といった雰囲気でした。それのどこがいけないのかと思うかもしれませんが、人間の生き方や信条、信念といったものは、けっこう見た目に出てくるものです。

国際見本市などに行くとそれがよくわかります。新しい価値に挑む急成長会社のブースで働くスタッフというのは、やはり立ち居振る舞いや言葉遣いだけでなく、服装も洗練されている場合が多いのです。彼らと比べると、どうひいき目に見ても、当社の社員は洗練度という点でやはり見劣りするのです。

いったい、あの連中と当社の社員たちとはどこが違うのか。服装が野暮ったい。そんなものにカネや神経を使う必要はないという考え方もあります。一見、それは正論のように思えますが、仕事に使命感や情熱をもっている人間というのは、あるいは新しい価値を担う伸び盛りの会社で働く人間といい換えてもいいのですが、やはり服装一つにも洗練さが感じられるのです。

当時の役員や社員の多くは、いまの会社、仕事などに対してこれではいけないというのですが、ではどうしたらいいかと聞くと、返事がありません。生き方を変えたいのかと聞けば、生き方はこのままでいいという。つまり批判はするが、変わることに抵抗する勢力になっていたのです。

受注先の会社のいうとおりに一生懸命働く。それこそ油まみれになって。それで当社の社員たちは、お洒落なレストランでうまいものを食べて、上等の背広を着るだけの給料がもらえているのか。儲かるビジネスならそれも可能ですが、現実は受注先からのコスト削減要求は日常茶飯事になっているし、採算スレスレで仕事を請け負い、結局、じわじわと赤字体質が深刻化していくのです。

見た目が野暮ったいとかダサいのは困るというのは、えてして生き方までそうだからです。志の問題なのです。ダサイ人間からは、いいアイデアも画期的な提案も生まれてこない……そういうことなのです。

何か評論家のようないい方をしていますが、むろん、これは社員の側の問題ではなく、経営者の問題です。社員に夢を与えられないのは経営者の責任だからです。

◆どういう会社なのか、どんな人間の集まりなのか

当社に来て、次に驚かされたのが経営体質です。本当にこんな状態で経営が成り立っていたのかと驚きました。赤字体質がしっかりと染みついていたのです。案の定というか、九〇年はなんとか経常利益を確保したものの、副社長になった九一年は三億四〇〇〇万円の経常損失に転落、翌年は赤字幅がさらに拡大しました。

赤字の主な原因は、バブル期における設備と人員への過剰投資でした。原因が判明している赤字というのは、むろん程度問題ですが、それほど深刻に考えなくてもいいのです。しかし、当社がかかえていた問題は赤字対策ではなく、赤字体質だったのです。ぬるま湯歓迎ムード、ガンバリズムの横行、不良仕掛り勘定や焦げ付きの大量発生等々、深刻な赤字体質が進んでいたのです。

当時、なんでこんなことがまかり通っているのか、というようなことがたくさんありました。たとえば、仕掛品を例にとると、メーカーから部材が一〇〇パーセント供給されないと組み立てにかかれません。ところが必要な部材がすべて届くまでに何カ月もかかる。その間、先に運び込まれた部材はずっと棚に置かれたままです。

当社の棚を占有しているのだから、本当は家賃を請求してもいいのです。むろん、そんなことはしませんが、それくらいシビアに考えなければいけないのです。ところが、メーカーに部材供給を催促したことはありません。当時のトップをはじめ役員たちには、下請け仕事というのは、それが当たり前という意識があったのです。

ある本のなかにこういう話が紹介されていました。

ニュープロダクションシステムというものを理解させるために、コンサルタントは、社長をフォークリフトに乗せて……というからたいへんな量だったと思いますが……仕掛品となっていた原材料の山を見せたのです。

そして経理部長に金庫のなかにある現金を全部もってこさせて、山と積まれた原材料に一万円札を隙間のないようにベタベタ貼らせました。そして、社長に、「これだけの金が寝ているのです！」といったのです。これを機に、この会社のプロダクションシステムがガラッと変わったということです。

この当時でさえ、仕掛品の山をかかえ込んで平然としているような会社はなかったと思いますが、当社では、旧態依然とした経営が大手を振ってまかり通っていました。これはおかしい、と声を上げる人間がいなかったのです。

当時は、それでも経営が成り立っていたのですが、私にいわせると、たまたま帳尻りが合っていただけのことです。体質的にはすでに赤字でした。何より深刻だったのは、先行きに明るい展望が何もなかったことです。そして、なんとかしないと会社は生き残れないと危機意識をもつ社員や役員もほとんどいなかったのです。

家はかろうじて建っているけれど、その土台は腐ってボロボロになっていたようなものです。いつひっくり返ってもおかしくない状態でした。

時代が違う、そもそもメーカーと下請けは親子みたいなもの、親会社のいうことを忠実に守って生きるというのも下請けのあり方だというなら、それはそれでいいのです。人間の顔がそれぞれ違うように、会社だっていろいろな生き方があっていいのですから。

ところが、役員や社員たちに「このままでいいのか」と聞くと、「いいはずがない」と口を揃えていう。「どうしたいのだ」と聞くと、「オリジナルブランドの商品を世に出す会社になりたい」「下請けから脱却したい」「元請会社になりたい」「N社（当時、N社からの請負仕事はほぼ一〇〇パーセントに達していた）への依存度を下げたい」といいました。

「それにはどうしたらいいと思うか」と聞くと、みんな黙りこくってしまう。「いいたいことがあったら、遠慮なくいってくれ。いってくれなければわからない」。それでも、みんな下を向いたまま。そして、「豊かになりたい」ともいいました。

でも、「豊かさとは何か」を知ってそういったのではなかったのです。自社ブランド製品を開発したいという気持ちはあっても、ブランド構築について、本も読んだことのない人間ばかりでした。元請けになるためのマネジメントを学ぼうともしていませんでした。にもかかわらず、N社以外のお客様とのつきあいも願っていたのです。

たまたまN社以外のお客様との取引があり、見積書を提出したところ、クレームが出たことがありました。そのとき当社の担当者はどうしたかというと、いまでは信じられないことですが、「そんなことはN社からいわれたことはありません」と平然といってのけたのです。そういう土壌だったのです。

いったいこれは何なのか、どういう会社なのか、どんな人間の集まりなのか。ソニーのような体質の会社で長い間仕事をしてきた私には、カルチャーショックというか、何か別の世界のシーンを見ているような錯覚さえ覚えたのです。

◆赤字体質には多くの病巣がひそんでいる

体質的に赤字とは、どういうことか。いちいち述べていたら、それこそこの話だけで本一冊の分量になるかもしれないし、それに読者もあまり興味がないでしょう。経営がうまくいかない原因はどこの会社でも似たりよったりです。いちいち本に書かれていることを読まなくてもよくわかっています。それに、私だって書いているうちに気が滅入ります。できるだけサラッとすませます。

当時を思い起こして、ポイントだけを列挙してみると、次のようになります。

● 全社員反応型生命体……すべてが反応型で、アクティブであることは軽率ととられる
● ぬるま湯歓迎ムード……未経験のことには手をつけずハードルが高いと挑戦しない
● 見せかけ型ガンバリズム……本当の辛抱と努力とはほど遠い
● 目標を立てることは後回し……ＰＤＣＡ（plan do check action）の欠如
● 勇ましくない硬派……勇気を見せることを恐れながら表面は突っ張る
● オシャレ無用論の横行……女性とお洒落には興味がない（縁もないと偉そうに）
● 配慮無用論……ダサいことを恥じない
● 無神経正統論……目配り、気配りを心がけない

それぞれの項目について、いちいちコメントはしません。どんな会社で、どんなタイプの社員がいて、仕事場はこんな雰囲気だったのだろうと想像していただけると思います。

この当時は、どんな時代だったのか。ドラッカーは、ベストセラーになった多くの著書のなかで、工業社会の終焉、知的社会の到来を唱えていました。九〇年六月には堺屋太一の『知価革命』がベストセラーとなり、世の中が成熟社会に移行する時期だったと思います。バブ

ル崩壊の直前でパラダイムシフトがそろそろ語られ始めるころでもありました。

こうしたなかで、私が真っ先に手をつけたことは、当社はどんな会社であるべきかの青写真を描くことでした。そのためには、「社員の意識を知ること」が先決でした。

当時の社長であった父とはさまざまに語り合いました。彼は自分の描いた企業像を私に押し付けることはしませんでした。一方で、私が理想論に走って語り始めると、「人を見て法を説け」と諭してくれました。

父親が、後継者である私に何を期待していたのか。自分がつくった会社を息子に託す。そうしなければ会社は生き残れない。そうと頭ではわかっていても、リーダーとしての座は死ぬまで私に禅譲しなかったのです。創業経営者の執念でしょう。父と激しく衝突することはしばしばありました。

しかし、夢や展望を好きに語らせてくれて、最後は会社の改革やその方策など、新しいことをやりたいようにさせてもらえたことはありがたいことでした。

◆自社分析ができないから事業構想も描けない

当時の当社が事業計画をどのように立てていたかというと、お客様の発注計画をうかがって、それを自社の事業計画にしていました。といっても、これは当社だけでなく、お客様メーカーも、N社を主体とする事業者の発注計画をそのまま自社の事業計画に利用していたと思います。これが官主導型ビジネスの実態です。そこには市場創造型の構想もクリエイティブな発想もありません。この業界全体がそうやって長い間生きていたのです。

だからコストダウンも、作業時間の短縮も、品質の向上も、お客様からの要求が即自分たちの目標になっていたのです。

ここが下請け仕事の怖いところです。もっと品質を向上させるにはどうしたらいいか、コストを下げるにはどうしたらいいか、納期を短縮するには……そういうことを何も考えずに、相手のいうとおりにしていればよいというのは、一見楽なようですが、実は会社を自滅に追いやっていることに等しいのです。

工場で基板に細かい部品の装着をしている社員に、「何をしているの?」と聞くと「ハンダ付けです」と答えが返ってきます。

私が期待していた答えは、少なくともラインの長からは、「○○装置の○○機能の回路基板をつくっていて、そのためのハンダ付けをしています」であり、「○○の部分がむずかしいのです」といった答えなのです。

相手のいうとおりに動いていればいいという企業風土のなかでは、だれもが全体を見ようとしない、見ようにも見えない立場に置かれてしまうのです。これが蛸壺現象なのです。指示待ち人間の集団でも食べていけるビジネスモデルだったのです。

◆業界はめまぐるしい変化に必死に対応している

ここで、当社を取り巻く業界がどのような状態だったのか簡単に説明しておきます。

一九七〇年代、八〇年代は日本企業にとって輝かしい時代であり、激動の時代でした。一九七一年、ニクソンショックに始まった円固定相場制の崩壊、七三年の変動相場以降にともなう円の大幅切り上げで三六〇円から二六〇円にまで円高が進み、第一次オイルショックや七八年の第二次オイルショックで石油の値段が一二倍にまで上昇しました。円高傾向はさらに進み、八〇年代後半には一二八円までになりました。それにもかかわらず、日本の輸出産業は驚異的な適応力を見せました。

八〇年代に入り、日本の製造業は、とくに自動車や電子機器、精密機械などの輸出産業は世界最強などといわれ、激烈な国際競争を勝ち抜き、集中豪雨的な輸出攻勢に欧米では「日本脅威論」が出てきた時代でもありました。自動車産業はアメリカ、欧州に生産拠点をつくり、日本の車が世界の標準をつくり出していきます。世界の生産設備用ロボットの七割は日本からの輸出でした。国内での企業競争も同様に熾烈を極めていきます。

当時「Japan as No1」がアメリカで発表されるなど日本の製造業の優秀さが欧米で見直され日本企業の研究が進むほどでした。ＧＥのジャック・ウェルチなどアメリカの経営者が、日本経営を学ぶために多数来日した時期でもありました。

一方国内では、七〇年代のスーパーに代わりコンビニが登場し、医薬品、化粧品など小売業界も大型店舗化して、ＰＯＳシステムなどの導入で消費動向に瞬時に品揃えを変えられるなど、流通革新や激烈な製品開発の競争にさらされます。市場戦略はめまぐるしく変わり、必死に対応していく、日本の流通や製造業を中心とする業界がありました。嵐のように混沌とした時代でした。

テレコム社会でも変化が現れてきます。日本では八四年に電波法が改正され、また八五年には電報電話事業に関する電気通信事業法が改正されました。当時、郵政省の管轄事業会社であった日本電信電話公社が民営化されＮＴＴになりましたが、独占体制は維持されていました。

アメリカでは当時、すでに規制緩和によってＡＴ＆Ｔが七つの地域電話会社に分割され、大きな変革が始まっていました。日本でも電電公社が独占していた通信の世界が民間に解放されていきます。

八四年には日本テレコム（ＪＴ）、日本高速通信（ＴＷＪ）が、翌八五年には第二電電（ＤＤＩ）などの国内長距離通信事業者が誕生します。そして大阪メディアポート（ＯＭＰ）、東京通信ネットワーク（ＴＴＮＥＴ）と続き、八七年には日本移動体通信（ＩＤＯ）など国内地域通信事業者などＮＣＣ（ニューコモンキャリア）と呼ばれる新規事業者が続々と発足していました。こうした歴史的大変革にともない、テレコム産業もすさまじい変革に直面することは目に見えていました。

流通業界、化粧品業界、医薬品業界など、ほとんどの業界では激烈な変化を何度も経験していて、そこで働く人々は時代の変化と環境の変化にたびたび遭遇してきました。そのつど経営者は「おびえと恐れ」と「勇気ある決断と葛藤」の両方を同時に経てきたはずです。

しかしテレコム産業界だけは、八五年の大事件の後の五年間も何事も起こらず、静かに黙々と生き続けてきた、というのが私の感想でした。独占であったＮＴＴが三社に分割されるのは、実に一四年後の一九九九年まで待たねばなりません。

電気通信事業法や電波法が変わったといっても、テレコム産業全体がなかなか新しい産業構造にはなりきっていませんでした。技術の変化は語られてもニーズの変化には鈍感だったのです。それは蛸壺の中だからできることで、蛸壺から動かないでいることでした。

新しい産業構造になりきらなくてもよい事情、なりたくない事情、あるいはなりきれない事情もあったと思います。そのなかで多くの企業が悪戦苦闘していたわけですが、さらに下請けの企業はたいへん苦しい時代だったと思います。

この業界で変化が起きなかった背景については、いまとなっては理解できますが、当時はこのままでよいのだろうか、と思ったものです。

◆全社員を蛸壺から引っ張り出す

当時の当社は売上げのほぼ一〇〇パーセントをN社の下請け、あるいは孫請け業務に依存していました。いろいろなプロジェクトごとに技術者を派遣して利潤をいただく業態でした。ところが、いまのような派遣産業というものが確立された時代ではなく、社員も自分が派遣社員でありながら、帰属意識や自立意識をあまりもち合わせていなかったのです。

社員の意識調査のために、アンケート用紙などを配ってコメントを何百と集めてみると、会社は派遣で成り立っているという実態のなかで、次のようなことがわかってきました。

自分たちはいつまでも悲哀をなめるばかりの下請けでいたくない。N社だけに依存し、しかもN社のごく限られた部門のことだけをやっていて、よいわけはない。独自のブランド、独自に開発した製品がないことに対して不安をもっていました。

いい換えれば、「自分たちのアイデンティティがほしい」「元請けの立場になりたい」「一社だけではなく、たくさんのお客様とつきあいたい」という思いを、何百人という社員がもっていました。

私が九〇年に入社したときには、どうしたらそれを実現できるだろうかという結論が出ていないまま何年も経っていました。そのような閉塞感のなかで、私は不採算要素の排除など、まずできることから手をつけました。そして社員の意識改革に取り組み始めたのです。

当時の社員の印象は、前述したように、一口でいうと指示待ち人間の集団でした。また末端の人たちは中間管理者に対して相当な不満をもっていました。中間管理者は自分の上ばかりを見て下を見ていませんでした。

他の業界はどうかというと、たまたま私はソニーに二三年間いましたが、決して蛸壺の中には留めてくれない会社でした。一つのところで何かやっていると、また次のところ、また次のところと、環境が変わっていきました。

デパートで働いている人は仕入れをやったり、売り場で働いたり、調査や企画をやったり、広告をやったりといろいろな仕事をします。広告会社に勤めていると、調査、企画、提案やお金の調達をする一方で、作業服姿で現場に出るなどいろいろなことをやるわけです。

私が当社の現場を見てつくづく思ったのは、まさに蛸壺にはまった人生。一日一日もそうだし、人生そのものが蛸壺にはまった生き方をしている、そんなふうに感じました。

結局、彼らは不満をいっているけれども、どこでその不満をいっているかといえば、蛸壺の中からいっているのです。だから、まず、蛸壺から彼らを引き出すことが先決でした。むろん出た先がどうなっているかということも、同時に示さなければなりません。

八四年、八五年の電波法や事業者法の改正やデジタル社会への移行にともなって、交換機もATM交換機に変わり、通信回線もどんどん速いスピードになるとか、ISDNになるとか、光の時代が来るとか、そのような議論も業界のごく限られた人たちが、やはり蛸壺のなかで議論しながら次のルールを決めていたのではないでしょうか。

テレコム91（世界電気連合綜合展示会91）の会場でこの業界の偉い方たちと話をすると、技術の話はするけれども、ニーズの変化とデザインのことは話題にならず、多様性に欠けた世界だと感じました。私はそれまで多様性に富んだ世界に長い間いたから、とくにそう感じたのかもしれません。

しかしドラッカーの本を読むと、これからは多様性の時代だと指摘しています。その本がたくさん売れるということは、みんなが多様性にチャレンジしようとしていたにもかかわらず、世の中には多様性にほど遠い社会があったということです。結局のところ、この会社の改革を進めたときのキーワードは「多様性」でした。

◆会社のありたい姿を毎年スローガンに掲げる

私は会社のありたい姿、あるべき姿を思い描き、毎年五年分ずつのスローガンをつくってきました。

九二年……収益性の見直し
九三年……サービス業への変身
九四年……業際挑戦
九五年……飛躍
九六年……納得力と説得力
九七年……らしさの追求
九八年……進化
九九年……社員満足の確認
〇〇年……感謝
〇一年……グローバリゼーション

○二年……信頼
○三年……プロアクティブ
○四年……インテグリティー

このように、ありたい姿、あるべき姿を描き、機会あるごとに社員に示していきました。そして一年が終わると、その先の一年分を加えて掲げることを毎年行ってきました。

スローガンを徹底させるために、毎週月曜日の経営会議から始まって、部門ごとの朝礼、社内報、企業変身運動などを通じて意識づけをしました。

九三年の「サービス業への変身」が改革への本格的なスタートだったと思っています。改革のいちばん大切な部分は意識改革ですが、意識を変えると、そこに技術が導入されたり組織が変わったりして、最終的には経営改革に成果があらわれてきます。

そのためには、社員一人ひとりが自分の仕事を見つめ直すことが大切です。私は「姿を鏡にイノベーション」「構創塾」といった活動を通して、社員が自分自身とその仕事について考える機会を与えてきました。

私は社員一人ひとりに会うたびに、「あなたは何屋さん?」と聞きました。そうすると、その社員がかかわっている部門が伝送であれば、「伝送です」という言葉が返ってくる。「じゃ伝送屋なの？」というと、「エンジニアです」と。「エンジニアなの？」というと、「いやぁ……」。何屋さんかと聞かれると、みんなが答えに困っていました。

さんざんそれをやっている間に出てきたのが、結局は「サービス業」というくくりでした。博士号をもった研究者や技術者が一〇〇人も二〇〇人もいるような、研究開発で支えられている会社ならば「技術を提供する会社」といえますが、当社にはそんなものはありません。

私たちが何を提供するのかといえば、結局、サービスです。エンジニアがいるとか、工事会社であるとか、工場があるから製造業であるとか、そんなことはまったくナンセンス。当社はサービス業なんだ、そして私たちはそれを提供する技術屋商人《あきんど》だ……それが九三年の「サービス業への変身」というスローガンになりました。工事ができるサービス業であり、製造ができるサービス業だというわけです。

これからはサービス業の時代だと確信していました。数年前に読んだドラッカーの本にもサービス業がとりあげられていて、変身を意識した、時代のキーワードでした。

◆改革には必ず社内外に抵抗勢力が生まれる

一連の意識改革を通して、ＰＤＣＡ（plan do check action）が存在する会社になってほしいと考えていました。

ＰＤＣＡが存在するということは、それだけしっかりした事業計画があるということで、数字という結果を追うよりも、約束したとおりの行動をとるということです。そして、そこに結果として数字がついてくる。現場でもふだんからＰＤＣＡがきちんとしている職場もありますが、事業計画全体がＰＤＣＡのサイクルで動いていなければいけないのです。

このサイクルはよくいわれていることでしたが、私も九〇年から九七、九八年にかけてさかんにそのことを話しました。しかしそれを理解しない人がたくさんいて、会社を去っていく人もいました。また子会社のなかには、私についていけないということで批判していた会社もありました。

前述のとおり、多くのエンジニアを蛸壺から引っ張り出して、多様化した世間になじんでもらおうと思っていたのですが、そのこと自体に抵抗する人もたくさんいました。現在、当社は関連会社も含めると八〇〇人ほどいますが、実は、このうちの半分以上の社員が入れ替わっているのです。

蛸壺にいる人というのは、そこの居心地がよくて、出たくないと思っているのです。そこから引っ張り出そうとする私は「敵」です。根拠のない事業計画、ガンバリズムだけで毎年毎年期末を迎える、そして新しい期を迎える……それをくり返すことを好む人もいました。

下請けから脱却しよう。多くのお客様に信頼してもらおう。自分たちのアイデンティティを築こうといっても、蛸壺から出てもらわなければ前には進めないのです。

何年にもわたって、事業計画にうたったとおりの体系を展開するように指導してきましたが、そのためには子会社の役員の構成も変えなければならなかったし、ある子会社は全社をあげて嫌だと拒否しました。

それを株主の権限で押し通したところで、その人たちの非協力的な姿勢は変わりません。グループ全体のガバナンスを改革するということにはなりません。そこで、この子会社については、簿価よりも低い値段でほとんどの株を手放し、連結からもはずし、持分法適用企業からもはずしました。

3章

オプティマイゼーション経営へのスタート

◆市場優位性・独自性から道を拓く

会社の赤字体質に大きな危機感を抱きながらも、とにかく新しい事業分野に進出し、経営基盤を安定させることが急務となっていました。まず、飯のタネを確保しなければならなかったのです。その一つが企業内情報通信事業への進出でした。

八八年から八九年にかけてというと、九〇年の正式入社前のことですが、私は非常勤取締役として全社の部課長レベルを対象に「戦略研修」を企画しました。

このとき、会議の出席者に訴えたのは、「三技協は通信コンサルティング事業をめざす」という構想でした。これまでのように、お客様からの発注を待つという受け身の姿勢では、下請け体質からの脱却は望めない。それにはただやみくもに動き回るのではなく、会社の将来像を描き、その実現のためのビジョンが必要と考えたのです。

電電公社（ＮＴＴの前身）の民営化を一つの転機としてとらえ、当社の経営目標を「通信コンサルティング事業をめざす」の一点に絞りました。

●海外からの通信設備・機器、サービスの上陸によって、この業界には多品種多様化の波が押し寄せる。

●企業が通信設備を保有・維持メンテする時代に、最適システムの導入、企画コンサルの必要性が急増する。

などの環境変化のなかで、メーカー色のない当社の市場優位性・独自性を早期に確立しようとするものでした。

といっても当社の場合、お客様からの発注を待つという体質が長い間続いていましたから、こちらから新たに取引先を探して積極的に売り込むということには慣れていません。

九〇年三月、私はソニーを正式退職し、四月よりソニーグループ各社を挨拶回りするなかでビジネスチャンスを探し求めました。

あるとき「ソニーが戦略の情報化を実行」という情報を入手し、この受注に向けて、急遽、社内で担当者を募りプロジェクトを発足させました。

しかし、売り込み活動は難航しました。キーマンとのアポイントをとろうと何度電話しても、会議中ということでコンタクトがとれません。めざす担当者が出席している会議が終わるまで、ずっと会社の門の前で待ち構え、偶然の出会いを装って駅まで一緒に歩きながら接触したこともあります。

そんなことまでやったのかと顰蹙を買うかもしれませんが、トップがそこまでやらなければ新しい取引先は開拓できない、ということを社員に知ってほしいという気持ちもありました。ただし、悲壮感めいたものがあったというわけではありません。

ソニーで働いていた二三年間、こんなことは日常茶飯事でした。キャラクタービジネスに携わっていたときは、新規顧客の開拓のためにアメリカとヨーロッパを飛び回っていたものです。

また、どのようないきさつでそのようなことまでしていたか忘れましたが、日米農産物交渉のために渡米していた日本の政治家のために、アメリカ政府関係者との間で下交渉らしきことをした経験もあります。交渉相手を門の前で待つなどということは、たいしたことではなかったのです。

◆再スタートの初仕事こそ大きな成功を勝ちとる

ソニーを辞めるとき、井深さんや盛田さんに挨拶に行きました。

盛田さんから、「親父さんの会社って何やっているんだ?」と聞かれたので、父の会社について私の知っている限りを長い時間をかけて話しました。私の話が終わると「システムインテグレーターだな?」といわれました。こちらが知らない言葉でしたが、「そうか」という思いでした。

「お前には学校以来の友だちとソニーでの友だちとがいる。両方とも大事にしろ」ともいわれました。

ソニー内のあちこちに挨拶に行くたびに、「わが社はシステムインテグレーターです」「盛田さんが貴方との関係を大事にしろとおっしゃっていました」……この二つをだれにでも伝えました。

おかげで九一年二月、大きな案件をいただくことができました。一つは、厚木テクニカルセンターのプロジェクトです。総面積三万五〇〇〇平方メートルの新築工場の電話システムで、六月一日のオープニングセレモニーに間に合わせるというものです。

当社の担当者は仕様を決め、現場ゼネコンとの調整、材料・工事職人の手配、ほかの配線業者との調整など、徹夜が続きましたが、オープニングセレモニーでの最小限必要な工事をお客様と調整し、なんとか間に合わせることができました。

もう一つは、「本社ビルのCS（衛星放送）受信システム導入工事」で、工期は九一年五月連休まで。M専務（当時システム本部・副本部長）が、その突貫工事を指揮して納期どおり完了し、当社のパワーを見せることができました。

さらに「事務革新プロジェクト」という、コンピュータ・ネットワークを利用したペーパーレス化、旅費精算などの電子化を実現するインフラ構築プロジェクトに携わりました。

六月一〇日までにパイロットシステムを構築するという短納期でしたが、当社はモデム通信のフィールド技術を生かして問題点をクリアしました。

こうした一連の仕事での実績を買われ、ソニー本社の「情報化」を推進する企画部門（建設部・通信課）に当社のプロジェクト・リーダーが席を置いて、企画部門のサポートを行うことになり、身近なサービスが提供できるようになりました。お客様にとっても、当社にとっても大いにプラスになりました。

その後、新テナントビルの通信設備、LAN・電源設備、CATVなどで、本社ビル群リニューアルなどのプロジェクトを相次いで受注し、ソニーとの取引も軌道に乗り始めました。

◆下請け体質から脱却するまでの道のり

自動車電話からスタートした携帯電話は、八五年の電気通信事業法改正で本格的に離陸しました。従来のNTTに加え、首都圏と中部地区はI社、その他の地域はDグループのセルラー各社が移動体通信事業を開始することになりました。

I社はNTTが使ったものと同じアナログのH／Cシステム（ハイキャップ・システム）を導入し、それをN社が一括受注したことで、当社はこのI社プロジェクトの支援をすることになりました。八九年の予算は七〇〇〇万円で、総勢七名の社員がこのプロジェクトに動員されました。

I社は第一フェーズとして、都内二三区を三二局でサービスすることになり、当社はN社の協力会社として現地の通信機器の調整（現調）に従事しました。八八年一一月に郵政省の立ち会い検査を受けましたが、当時、当社にはこうした立ち会いの経験者は少数でした。

第二フェーズとして国道一六号線の内側の六一局が開設されました。現調の内容は、「局単体の試験」「交換局との対向試験」「システム総合試験」の三つのステップを踏みますが、電波管理局への落成届けから引き渡しまでに三〇日もかかりました。いまでは三日間に短縮されています。

九一年ごろ、携帯電話買取りの自由化が利用者の飛躍的増加のきっかけとなりました。この当時、当社は協力会社体制からの脱却をめざし、I社に対して直接仕事をいただけるように努力を重ねていました。

I社にはずいぶん通いました。豊田家の方の紹介状を携えて購買担当のK専務（トヨタから出向）を訪ねると、課長を紹介されました。その購買課長に当社との直接取引の提案をしました。何回もお目にかかり、当社の本社所在地である鴨居（神奈川県）までお越しいただいたりもしましたが、取引開始には至りませんでした。

東京電力にいる先輩から、技術担当のＭ副社長（東電出身）を紹介いただきました。彼には当社のようなエンジニアリング会社とは直接取引をすべきだと、何回も生意気な提案をしました。

一年以上もしつこくこんなことをくり返していたある日、その副社長がアメリカへの視察旅行に同行しないかと誘ってくれました。海外を見に行くなら、私と一緒だと有効だとあれこれ話したことがあったのです。

二つ返事でお受けしてから、泥縄式に知識を得るために事前にアメリカや香港に出かけ、知り合いの知り合いを探って通信技術者をコンサルタントにして、資料を入手したりしました。

Ｍ副社長以下私を含めて四人は（私は彼らの一員として）アメリカの数社の事業者、Ｍ社を含めた数社の通信機器メーカー、ＣＤＭＡ技術の創設者であるＱ社、そしてＣＴＩＡカンファレンスを訪問しました。私の通訳は彼らが契約したＡ級通訳よりうまい場面がありました（そう感じてもらいました）。

私には、知識的にもビジネス的にも大変な収穫でした。これをきっかけにＩ社の経営陣から当社の力を認めてもらうこともできました。

電波の強度と品質をエリアごとにテストする「エリア試験」は、それまで機器メーカーの仕事でしたが、Ｉ社側には、自社でこのノウハウを蓄積したいという希望がありました。

発注元から直接請け負いたいという当社側の意向とがたまたま合致し、I社のA専務から、N社に対して「保守業務はN社の援助なしに、自分たちでやりたい。エリア試験のための子飼いの会社（当社のこと）をエリアごとにもちたい」という申し出となりました。

これまで、発注元（通信事業者）→通信機メーカー→当社という流れで仕事は進んでいたのですが、発注元にダイレクトに働きかけたことは、批判もいただきましたが、当社にとっては画期的な出来事であり、大きな発想の転換でした。下請け体質からの脱却の第一歩となったのです。

当時の私の夜討ち朝駆け営業の姿を社員が見ていて、私をサポートしようとして助けてくれました。私の行動が無駄にならないよう参考意見や関連情報をもってきてくれたものです。コミュニケーションの大切さを痛感したのは私だけではなかったはずです。

現在、サイバーマニュアルにある顧客情報には、そのお客様のドメインである市場や上位機構が描かれているものが多く、我々はどなたに貢献しようとしているのか、最終的に市場でどんな役に立っているのか、当社の社員は念頭に置きながら営業活動をする習慣がついてきたと思います。

何が何でも受注したいという気持ちから無理な営業をしなくてすむようになりましたが、自分たちのミッションを忘れずに常に隣接領域に目を配っています。ITのインフラ市場は我々に追い風を吹いてくれていますが、二、三年後には逆風に変わると思います。でも、その頃の飯のタネはいまからサイバーマニュアル上で育まれていると思います。

◆中小企業が特大企業の信頼を勝ちとる

こうして、いよいよ下請け体質からの脱却という長年の願望が実を結ぶことになったわけです。I社がエリア試験を請け負うパートナーを求めたとき、当社は手をあげ、それによって初めて通信事業者から直接受注することになりました。

エリア試験のための装置の値段は一セットが約五〇〇〇万円。I社では全部で四セットの試験装置が用意されましたが、当社は、そのうち二セットを購入。二セットで約一億円の投資となりました。財務状況が悪化していた時期だけに、当時の当社にとっては巨額な投資で大変な決断でした。新事業への取り組みは並々ならぬものでした。

この取り組みをスタートするにあたって、本社前で出陣式が行われました。試験装置を二台のエリア現調車に組み込み、赤じゅうたんが敷かれたところで神主さんが祝詞をあげ、テープカットが行われました。それほど大きな決断だったのです。九三年七月のことでした。その後、I社からの仕事は順調に増加してきました。

一方、システムメーカーのM社は、アメリカ政府の力を借りて日本の情報通信市場をこじ開けることに成功し、I社から基地局の通信設備納入を受注することができました。

当社は移動体通信の技術動向を見据え、CDMA（携帯電話の通信方式の一つ）の研究を始めていました。

○一年には、世界に先駆けてCDMAの実用システムを開発したアメリカのQ社へ若手技術者三名を三カ月間派遣し、業界へアピールするなどの手も打ちました。私自身も、M社へのアプローチを行ってきました。

M社は、I社／セルラーから受注するプロジェクトについて、工事はある大手エンジニアリング会社と技術提携していましたが、M社は、その会社の仕事ぶりについて不満があったようです。そのため、新しい業務提携先を探していました。このことを聞きつけた当社は、通信工事の一切を引き受けるために、法的に満足するため特定建設業の資格取得を急ぎました。

九七年七月、M社との取引の話がもち上がりました。M社は、「現調」は、ある大手エンジニアリング会社に発注し、当社はそこを経由して現調を受注することになりましたが、エリア試験については、全国のエリア試験を当社一社にまかせるとの結論が九八年二月に出されました。

最初、M社は、当社の企業規模などの面から、全国のエリア試験を当社一社にまかせることにリスクを感じていたようです。

M社の窓口は大阪技術部だったので、当社の大阪地区担当者は、ここをプッシュすれば、全国のエリア試験をまかせてくれるだろうとの感触を得て、全国に一〇カ所の拠点（六〇〇名）をどんどんつくっていきました。こうした動きに対して本社は、展開スピードを上げるように支援しました。

大阪で走行テストを経験した人員の半分を全国に配置して展開するという経験は、当社としてもはじめての出来事でした。

一連の新事業への取り組みは、大きな決断を必要としましたが、実際は大型工事や全国的な工事案件にチャレンジすることは、請け負いたくても当社の限界を認めざるを得ない状況がありました。そこで業務を切り分けて、現調だけを全国規模で当社一社で請け負いました。当時としては業界で画期的な事件になりました。

思えば、測定器購入ができたのも、アメリカQ社の企業ユニバーシティに若手を留学させられたのも、他者に先駆けてできたのは前述のアメリカ出張が実を結んだということを実感としてこみ上げてきます。

◆移動体通信のオプティマイゼーション№1へ

移動体通信に関連した当社のビジネスは、主としてシステム設計・基地局機器工事設計などの「設計業務」「現地調整試験」「フィールド試験」（エリア試験）の三つの分野からなっています。

九〇年後半に、移動体通信を担当する事業本部のビジョンは、「移動体通信事業者、インフラ機器メーカーおよび市場をオプティマイゼーションするオンリーワン企業をめざす」ことでした。

当時、私たちにとってオプティマイゼーションとは、CdmaOne通信方式の移動体通信基地局を運営する上で「エリアとシステムの最適化」を指していました。CdmaOneのオプティマイゼーションは非常にむずかしい技術です。そのパラメータはアンテナのチルト（傾き）、送信機のパワー、ソフト・ハンドオフ（セルが変わるごとに周波数が切り替わること）のタイミングです。

電波のオプティマイゼーションには測定器を積んだエリア試験車を使い、ドライバー一人、測定二人、ナビ一人の計四人が一チームとなり、決められたルートを走ります。

携帯電話の発着呼試験に一人、解析に一人が対応するので計六人がかりです。

走行チームは一日かけて走りますが、交通事情などで帰りが遅くなることもしばしばありました。走行チームはふだん顧客との間であまり接点はありませんが、たとえば、局が電波を出していないなどの事態があれば、電話やメールで伝えられることもあります。

当時、チームの一員は「顧客の要求水準は高くなっていく。どうすれば不感地帯をなくせるか、などの要求があったときに対応できるかどうかが不安」と述べていました。

Cdma One のエリア試験は、当社にも他社にも経験がありませんでした。解析チームは、走行テストデータの整理をしたり品質が悪い場所の分析から提案を行います。

データはパソコンが取得するので差異は出ないはずですが、通話品質の評価は人間が行うため、感性によることが多かったのです。

当社は、コアである電波伝搬の技術をベースに手探りで技術を蓄積しながら、作業レベルでのオプティマイゼーション能力を獲得していきました。

◆自社の将来像はお客様からつかむ

〇二年のことですが、当社のある幹部が顧客満足度の調査も兼ねてN社にお客様からの評価をお聞きするサンクス訪問（受注のお礼に受注後に行う顧客訪問）をしたとき、当社からN社に派遣されている社員に対する評価を伺ったことがあります。その評価は、

「痒いところに手が届かない」

「もっと積極的な提案が欲しい」

というものでした。

自分たちは最高の仕事をしていると思っていたのに、このような評価をいただいてしまったのです。当社からの派遣社員の不満は、派遣先の社員が「上司」であって、本人の成長やキャリアプランについて相談相手になっていなかったという点にありました。会社側にも、彼らは営業上のセンサーになっていないという不満がありました。

その状態がお客様にも影響を与えていたのです。このため、派遣社員とのコミュニケーションの改善（具体的には、派遣社員に会社の様子を知らせる、派遣社員の様子を知る、彼らにフィードバックするなど）が必要だったのです。

我々は驕っていたのではないか、いまのままでよいのか、自分たちを見つめ直す必要があるのではないか、という問題意識が生まれました。

〇二年時点で、当社のグループ会社と協力会社から合計三七五人が顧客の支援業務のために派遣されていました。これだけの人員が顧客の企業内に入っているのに、その実態を把握

していなかったのです。

○二年六月、「姿を鏡にイノベーション」運動がスタートしました。

「姿を鏡に」とは、他人の目に映った自分の姿を意味します。自分の姿を鏡に映してみると、自分なりに長所と短所がある程度見えてきます。少し離れて姿を鏡に映してみると、違った長所と短所が見えてくるはずです。手鏡や大型の鏡を使って自分の姿を観察する方法は幾とおりもあります。

したがって、自分たちがお客様にどのように映っているかをよく見極めることが必要だったのです。その結果、長所をうまく生かすにはどうするか、短所を補う手段は何かなどの課題が浮かんできます。

だれでも自分のありたい姿、まかされている部門のありたい姿、会社のありたい姿などを明確に、あるいはおぼろげながらも描いています。

●あるべき姿を使命として言葉にしただろうか？
●目的はゆるぎないか？
●目標をしっかり見たか？

だから「姿を鏡に」が重要になるのです。

「姿を鏡にイノベーション」運動のなかで、間接部門チームが二カ月かけて顧客に派遣されている社員二〇名ほどにインタビューし、顧客が求めているものと技術支援の派遣社員の意識を調査し分析しました。

その結果、顧客が当社に求めているものは、次の四つであることがわかりました。

①働く姿勢……マナー、モラル、謙虚に学ぶ姿勢など技術力よりも人間性が重視される

②信用…………定期的な営業訪問、高品質サービスの維持

③スキル………高レベルに標準化

④サービス……業務をまるごと任せられる責任施工から提案まで

一方、技術支援の派遣社員の現状と意識について、次のことが明らかになりました。

- 当社の技術支援の派遣社員の技術レベルは、他社と比べて決して劣るものではない
- 上司とのフェース・ツー・フェースのコミュニケーション不足と、会社情報の不足による派遣社員の孤立
- 技術的な教育は、ＯＪＴと本人の努力によるところが大きく、会社としてシステム化されたものはない
- 支援業務は面接のしにくさなどから、当時の人事制度（評価・処遇）、目標管理制度などにマッチしていない
- 技術支援の派遣社員のスキルと客先での業務内容がうまく整合すると、飛躍的な効果が得

られる

客先への当社派遣社員からの日々の提案について、業務改善や設備の改善については行われているものの、それ以上のものは行われていませんでした。派遣社員は技術屋ばかりで営業のセンスがなく、顧客のニーズをつかみきれていないということです。

客先で身につけたスキルや経験が社内に蓄積されているかという点については、残念ながらノーという回答が大部分でした。本社とのつながりが少なく、蓄積するためのシステムがないということだったのです。

つまりは派遣されたままで、本社や上司とのコミュニケーションが不足している状況が浮き彫りになりました。個人のコミュニケーション努力に頼っていて、組織的な体制ができていない。これでは帰属意識が薄れてもやむを得ないのです。

顧客への派遣社員インタビューを総括して、「支援業務で勝ち残るには、教育とコミュニケーションが決め手である」という結論が出されたわけです。

そこで具体的な対策として、情報不足で孤立しがちな派遣社員のために、インターネットとウェブシステムを使ってコミュニケーションを促進することを決めました。

それと並行して支援者が顧客ニーズを把握できていない、当社のビジネスにつながるような業務改善提案もできていないという状況を改善するため、研修活動もスタートさせました。

◆「構創塾」で社員の眠れる力を開花させる

私は、社員が現場や市場を鳥瞰して自分なりの目のつけ所が見つかるようにと、彼らとの対話を始めました。

- あなたの仕事は何か？
- あなたの部門の事業計画とあなたの目標は？
- あなたの仕事の最終顧客はだれか？
- あなたは現場でどのように役に立っているか？
- どんな障害があるのか？
- ボトルネックは？

そうした質問に十分な反応もなく、また知る必要もないという態度を見せる社員もいました。そこで私は、組織をもっとフラット化していかなければならない、そして社員が高いところからものを見るように教育しなければならないと感じました。

〇三年、私は「構創塾」という名前で、毎週土曜日に社員との対話の時間を設けることにしました。「構創塾」の目的は、次のようなものでした。

●中期計画、事業計画に沿って、個人の目標と課題について対話する（いわれた通りの仕事をする人間であってほしくないというねらい）
●社員の鳥瞰力と構想力の養成
●プロフェッショナルなサービスの創造
さらに、この対話のなかで次のことをねらいました。
●個人の長所・強みの発見
●ＰＢＴ（パーフォーマンス・ブレークスルー）意識の高揚
●サイバーマニュアル充実への駆動力、行動力、リーダシップの発掘
●企業価値創造の気づき

「構創塾」は、六人から八人の社員を一チームとして、午前中三時間、午後三時間で二チームと自由に話し合うものです。顧客に派遣している社員、地方駐在社員も含めて二年間で三〇〇人以上の社員と対話しました。問いを投げかけながら話を聞き、彼らのメンタリティーを多少でも理解するまでにたいへんな時間を要したものです。

彼らの視野を広げることにも注力しました。まず全体がどういうものかを考え、自分がそのなかのどこにいるかを知ること、そして産業構造、コスト構造、市場構造の激変にともなっ

て、顧客と顧客に提供する技術やサービスの性格も変化していることを理解させようとしました。

◆PBTとサイバーマニュアルを成功に導いた下地

ＰＢＴ活動やサイバーマニュアルの推進は、ある日突然、うまく動き出したということではなく、軌道に乗るまでには、「それなりの必然性」があったことをつけ加えておきたいと思います。

ＰＢＴとは、仕事を「考え方」や「目的」「役割」などに分解することによって、解決策が自然と導かれるという、当社が独自に開発した問題解決手法の一つですが、この手法を軌道に乗せるには、どうしても社員の意識改革が不可欠です。下請け体質が染みこんだままではＰＢＴによる効果はほとんど期待できないのです。サイバーマニュアルの有効活用もむずかしいと思います。

九五年頃だったと思いますが、私は、毎週水曜日、七時半に出社して社員の机の雑巾がけを始めました。なんでそんなことを始めたのか、いまとなっては記憶が少し曖昧になっていますが、とにかく、みんなに意識を変えてもらわなければいけない。それには、ずいぶん突飛なようですが、ふっと雑巾がけを思いついたのです。社員の意識改革には社長の雑巾がけが必要とか役に立つなんてことは考えてはいませんでした。何かをしないではいられなかったのです。

だれもいない部屋で、何も考えずに、ただひたすら社員の机の上を拭きました。床に落ちている消しゴムの滓《かす》やゼムクリップなどを拾いました。そうすると、不思議なことに、その机のもち主である社員に対して親近感が増すというのか、その社員の存在がぐっと身近に感じられるようになったのです。

社長が朝早く来て雑巾がけをしている……嫌味だと反撥する社員もいたでしょうが、一方では、一人二人と雑巾がけに参加する社員も出てきました。そうか、コミュニケーションといっても、何も相手と顔をつきあわせて話をするだけじゃない、こういうコミュニケーションの取り方もあるんだと思ったものです。この雑巾がけは二年間続けました。

九五年というと、三技協の創業者である父親が亡くなった年です。すでに経営の実権を任されていたとはいえ、後ろに父親がいるかいないかは大きな違いがあります。とうとう一人になった……孤軍奮闘といったら大袈裟ですが、畑違いから来た人間に何ができる、お手並み拝見という雰囲気のなかで意識改革に取り組んでいた時期です。一人でも多くの社員との距離を縮めたいという気持ちが雑巾がけという発想に結びついたのかもしれません。動機はどうあれ、私自身の心のなかでは、少しずつではあったけれども社員との距離が縮まっていたのです。

これと並行して、頻繁に、部課長と一人ずつ対話の場をもちました。こうした社員や幹部社員とのコミュニケーションの延長線上に、前述した「構創塾」があったのです。五年、いやもっとかかったかもしれませんが、みんなはこの会社をどうしたいのか、それにはどうしたらいいと思うか……社員一人ひとりにこの問いかけをすることによって意識改革を迫ったのです。こうした「下地」があったからこそ、PBTは当社に根づいたのです。「それなりの必然性」とはそういう意味です。

一方、社内では以前から、ZDや生産性向上などの小集団活動を積極的に推し進めました。社内にはたくさんのチームができて、年一回、活動成果の発表が行われましたが、こういう場を通じて、写真や図表の効果的な使い方、訴求力のある文章の書き方などを全員が身につけることができたと思います。このときの経験がサイバーマニュアルに結実していることはいうまでもありません。

こう考えてみると、取り組んできたことのすべてがそれぞれが土壌のなかに肥料として溶け込んでいるのだと思います。経営というのは、我々の生き方と同じようなものであって、無駄なことは何もないといっていいかもしれません。

◆オプティマイゼーション経営へ改革のスタート

九二年に社長に就任して以来、新規事業の開拓と同時並行して、社員の意識改革を強力に進めてきましたが、振り返ってみると、あの時期をよくも乗り切れたものと感慨深いものがあります。

仕事が欲しいために、相手先企業の役員や担当者にへばりつくようなこともたびたびありました。そんなことまでしたのかという場面はいくらでもあります。

この会社に食い込みたいと思えば、通訳代わりに同行させてほしいとアメリカまでくっついて行きました。商談のきっかけをつかみたくて、「こんなところでお目にかかるとは奇遇ですね」と偶然を装ったりしたことも何度もあります。これはソニーの盛田さんがよく使う手でしたが、いずれにせよ「まとわりついた」といってもいいでしょう。

危機に臨んではリーダーが率先垂範すべきだ、などと仰々しいことを考えていたわけではありません。この時期、私だけではなく、だれもが必死でした。

「何のために」……そんなことを考える余裕もありませんでした。ただ、もう目の前の仕事に全力でぶつかっていくしかなかったのです。

一社専従に近い下請け会社が、新しい取引先を開拓し、経験したことのない仕事に取り組んだのです。試行錯誤の連続でした。あらかた工事が終わった段階で配線ミスに気づき、最初からやり直したこともあります。現場で寝泊まりする社員。夜中の一時二時まで仕事をしてから家に帰り、仮眠しただけでまた現場に戻る社員。

仲間のそんな姿を見て、本社の管理要員たちは、日中の仕事を終えてから助っ人に出ました。彼らの多くは終電に間に合う時刻には帰れませんでした。一カ月のタクシー代が三〇万円を超えた社員もいました。このままでは、みんなぶっ倒れてしまう……自発的に助っ人を買って出る社員が多かったのは、手を貸さずにはいられないほどせっぱつまった状況だったのです。

しかし、とにもかくにもこの困難な時期を乗り越えられたことが、下請け体質からの脱却、社員の意識改革、サイバーマニュアルの導入、そしてオプティマイゼーション経営へと続く一連の経営改革のスタートであったように思います。

4章

オプティマイゼーション経営の原動力はPBTとサイバーマニュアル

◆優位性をめざし情報化に最大投資する

ＩＴの活用能力を高める。この目的のために、資金的に余裕がなくてもＩＴ投資に積極的に取り組みました。七〇〇〇万円のセルキャド購入、プロジェクトナビに1億円以上、ビットル化・デジタル化の掛け声、退職社員の人件費の多くをパソコン購入に充てるなど、投資を続けてきました（**図表4−1**）。

サイバーマニュアルが日常事業遂行上の基幹システムになると、役員も社員も、世界のどこにいても、社内ネットワークに常時アクセスする必要が出てきました。ウイルスの蔓延や情報機器の紛失・盗難による情報漏えい問題が多発する環境下で、安心してそれを可能にできるシステムは、当時市場に存在していませんでした。

当社の技術者たちは、自分たちだけで必要なシステムを開発し、〇三年からの社内試用を経て、〇六年初めからは社内全面展開しました。

ネットワークアクセス機能が組み込まれた専用のＵＳＢメモリだけを持ち歩き、自宅のパソコンや出先のパソコンの画面とキーボードだけを借りて、社内にある自分のパソコンを使いこなせるプラットフォームバーチャル（ＰＦＶ）がその代表例です。

図表 4-1　IT システム化への試行錯誤と PFV

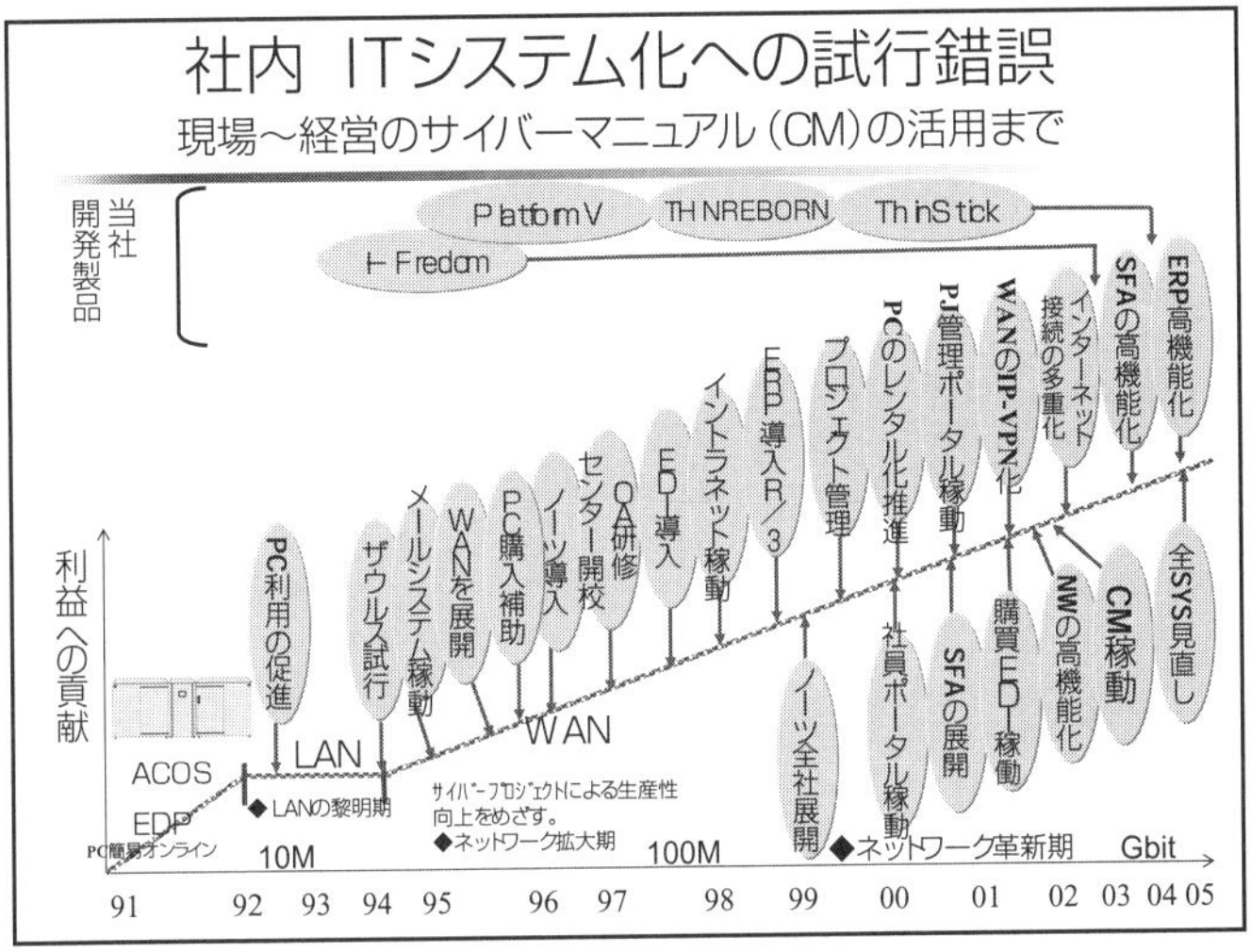
社内 ITシステム化への試行錯誤
現場～経営のサイバーマニュアル（CM）の活用まで
当社開発製品
PlatformV
THINREBORN
ThinStick
I-Fredom
利益への貢献
ACOS
EDP
PC簡易オンライン
PC利用の促進
LAN
◆LANの黎明期
ザウルス試行
メールシステム稼動
WANを展開
PC購入補助
ノーツ導入
センター開校
OA研修
EDI導入
WAN
サイバープロジェクトによる生産性向上をめざす。
◆ネットワーク拡大期
イントラネット稼動
ERP導入R/3
プロジェクト管理
ノーツ全社展開
PCのレンタル化推進
社員ポータル稼動
PJ管理ポータル稼動
SFAの展開
WANのIP-VPN化
購買EDI稼動
インターネット接続の多重化
NWの高機能化
SFAの高機能化
CM稼動
ERP高機能化
全SYS見直し
◆ネットワーク革新期
10M
100M
Gbit
91
92
93
94
95
96
97
98
99
00
01
02
03
04
05

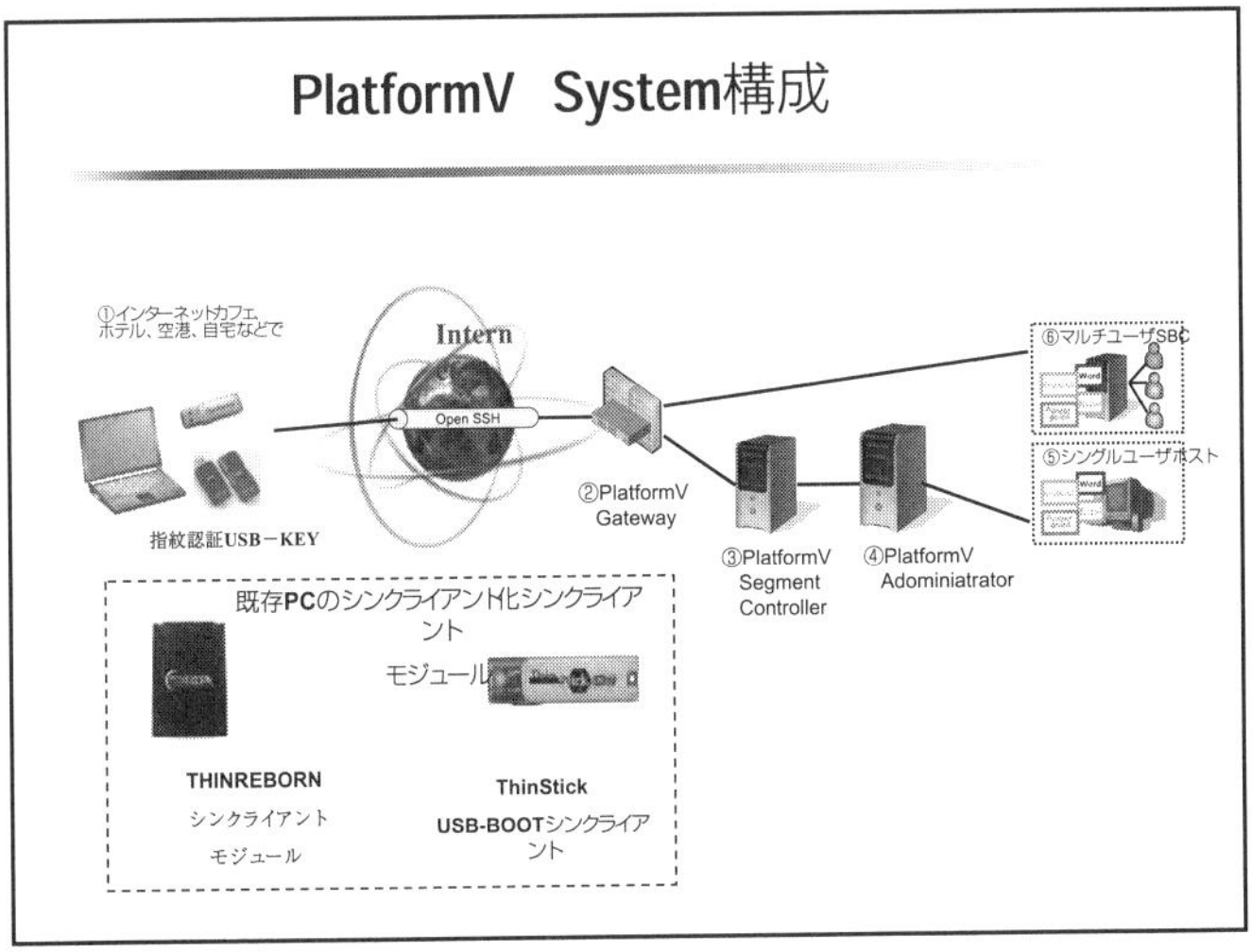
PlatformV System構成
①インターネットカフェ、ホテル、空港、自宅などで
Intern
Open SSH
指紋認証USB－KEY
②PlatformV Gateway
③PlatformV Segment Controller
④PlatformV Adominiatrator
⑥マルチユーザSBC
⑤シングルユーザホスト
既存PCのシンクライアント化シンクライアント
モジュール
THINREBORN
シンクライアント
モジュール
ThinStick
USB-BOOTシンクライアント

そのほかに、どうしても自分の端末を持ち出す必要がある場合のために、端末自体にはデータ処理や記憶機能を持たせない、いわゆるシンクライアント端末を、ノートパソコンのハードディスクを取り外し、代わりのモジュールに置き換える方法で実現するシンリボーン（ThinReborn）モジュールもあります。

独自に開発した高いセキュリティを有するこれらのシステムは、新しいセキュリティ商品として販売を始めたところ、マスコミにも取り上げられ、採用されたお客様からは好評を博しています。

すべてのビジネスの流れはデジタルに向かい、デジタル新大陸でのビジネス戦争が始まるだろうと予測していたからです。

見えないゴールに向かって、たくさんの新人類企業もレガシー企業（旧来からの事業会社）も競技に続々と名乗りをあげ始めました。こうしたなかで、当社が勝ち残るには、顧客が求めるオンリーワン技術とサービスの提供しかありません。

九四年、社員がＩＴに対して違和感をなくしてほしいと、ザウルス（個人用携帯情報端末）を一度に七〇台購入して幹部社員にもたせたことがあります。そうしたところ、幹部社員が社長の無駄遣いを諫《いさ》める気持ちの表現としてザウルスの勉強会を企画した、ということもありました。

九四年半ば、社内のメールシステム（ＣＣメール）が稼動し、九五年半ばには、本社と各拠点を結ぶＷＡＮ（Wide Area Network）が構築され、社内のＩＴ活用度を促進するための活動としてサイバー・プロジェクトにより生産性向上をめざしていきました。

その後、社内や外部とのネットワークが徐々に拡大していき、九六年にはノーツの導入まで進みました。

九七年にはＯＡ研修センターをつくり、社員のＩＴ能力を高める研修を充実させました。同時期には、近くの市民の方々へも案内して「パソコン教室」も開催し地域貢献もしました。九八年にはイントラネット（社内などに限定された範囲でのコンピュータ・ネットワーク）が稼動し、九九年にはＥＲＰ（企業資源計画用ソフトウエア）も導入しました。

ＯＡ研修センターをつくったとほぼ同時に、全社員を対象に自宅でパソコンを購入する場合、費用の一部（一〇万円）を支給するようにしました。むろん、強制ではないし、家に帰っても会社の仕事をしろということではありません。「パソコンに馴染んでくれたらいい」という程度の期待です。三、四年後には、ほとんどの社員が自宅でもパソコンを利用するようになりました。総額数千万円の出費となりましたが、このときの「投資」は無駄にはなっていません。というより、こうした地道な一つひとつの積み重ねがあったからこそ、一〇年後の今日、ＰＢＴとサイバーマニュアルは、いずれも経営の両輪を担うまでに成長したのです。

投資額の何倍もの成果を生んだといえるかもしれません。

このように、情報化戦略については資金を投じるだけでなく、断固たる決意で臨んできましたが、社員の抵抗がなかったわけではありません。九八年、すべてをデジタル化する活動を当社では「BIT化」と称してペーパーレス化宣言をしましたが、BIT化などやりたくないという強い声が一部にあったことも事実です。

しかし、デジタル化への流れは必至であり、ブレーキをかけるわけにはいきませんでした。人事評価の項目としてBIT化を目標管理のなかのひとつの項目として入れることさえしました。

◆社員が自発的にウェブマニュアルをつくった

九八年のペーパーレス化・デジタル化という流れのなかで、社内マニュアルをウェブでつくってみんなで見られるようにできないか、というアイデアが出てきました。ノーツではクライアントしか見ることができないが、ウェブでマニュアルをつくればだれでも利用できるというわけです。

HTMLによるホームページをたくさんつくるような要領で、次から次へとウェブマニュアルをつくりました。

ＣＡＴＶ（ケーブルテレビ）工事マニュアル、地域防災システム保守マニュアル、ＣＤＭＡ現調マニュアル、企業内インフラ保守マニュアルなどを完成させました。それぞれ臨場感があり、いまでいうとゲームソフトを見ているようだと好評をいただきました。日本進出をねらうアメリカ企業のなかには当社が技術支援をして大きな売上げにもつなげました。

当時の担当部長は、Ｐ社など海外の通信事業者の日本市場参入支援のビジネス・モデルを構築したいと思いながら、当社のような中小企業が、どうやって海外の通信事業者に認知させるか、思い悩んでいました。

そのころ、ＢＩＴ化を進めるなかで、彼の部下の一人が「ＣＡＴＶ工事マニュアル」をつくり上げました。これは「ウェブマニュアル」と呼ばれ、デジタル化された文書のなかのある部分をクリックすると、関連する写真や図面などの解説用画像が出てくるというものでした。

担当部長はこれを利用して、海外の通信事業者に対して、このような事業活動をしているエンジニアリング会社だということを認知させようと思いついたのです。

これを第一種の通信事業者（例えばＮＴＴやＫＤＤＩ）に見せ、その第一種の通信事業者から回線を借りてビジネスを行おうとする外資系の第二種通信事業者にＰＲしてもらおうという作戦でした。

このような経緯を経て、次にCdmaマニュアルができました。当時M社の現地調整作業で事故が多発したため、当社担当部長のNが事故対策用にそのマニュアルと同じようなものをつくったらどうかといい出し、製作することになりました。

その後、ある地方都市の防災マニュアルを手がけました。無線伝送、管制装置、テレビ会議、遠隔操作などを統合したもので、メモリースティックに保存でき、利便性に優れたものでした。これによって防災業務関係の保守業務を受注しようとしたわけですが、これらはすべて社員の自主的な行動から生まれたものだったことを強調しておきます。これも、それまでのIT投資の賜物だったといえます。

私は、これらのウェブマニュアルを見て、「目で見るマニュアル」を全社で進めていこうと訴え、「マニュアル・デジタル化・プロジェクト（MDプロジェクト）」が立ち上がりました。しかし、このウェブマニュアルには欠点がありました。これは作成者がそれぞれの考えで、エクセルやHTMLを使ってつくるため、いろいろな形式が生まれ、統一性がなかったのです。

そうした知識が必要なITリテラシーの高い人でなければ作成できません。また、作成者個人とその情報を共有しているグループにしか見えず、全体像がつかめないという難点がありました。さらに検索ができない、改訂がむずかしいなどの欠点もありました。

◆全社員が使えるサイバーマニュアルが誕生した

〇一年に、ウェブマニュアルの標準化を始めました。

通信事業者が設備投資の絞り込みを進めるなか、そのインフラを担う当社のような工事業者が厳しい競争を勝ち残っていくには、業務ノウハウを社員全体で共有する仕組みが不可欠だ、とかねてから考えていたのです。

ノウハウを文書化することで、ベテランだけにしかできなかった業務を若手にまかせることができるようになります。いつまでもベテランにばかり頼っている非効率な体質では、企業として存続しつづけることはむずかしいという危機感をもっていたのです。

このころ産業界全般で、社内にあるマニュアル情報だけでなく、さまざまな業界知識をナレッジ・データベースに蓄積して活用するという、ナレッジ・マネジメントの概念が生まれてきました。

当初、ウェブマニュアルという名称で商標登録しようとしましたが登録できず、「サイバーマニュアル」という名称で登録しました。マニュアルである以上、それぞれに背表紙がついて全体がライブラリー感覚で管理できる必要性の議論もされました。
〇一年四月、サイバーマニュアル推進宣言をし、サイバーマニュアルのコンセプトを次のように明確に打ち出しました。

- マニュアルがすぐに探し出せるツリー構造
- 個人が使いやすいようにマニュアルの表示を変えられるフィルター機能（全文表示、ポイント、手順、写真、注意事項だけを再表示する機能）
- ノウハウの蓄積でマニュアルが成長するコメント機能

〇二年五月、サイバーマニュアルを使ってマニュアル化した具体例の発表会が催されました。

こうした取り組みは、『日経情報ストラテジー』〇一年七月号に「ネットを使い知識企業へ脱皮」というタイトルで、また同誌〇二年八月号に「業務と同期する知の循環を確立」というタイトルで紹介されています。

◆サイバーマニュアルは当初、海外で評価された

〇二年のことですが、香港のH社がイギリスに新しい通信事業者として進出するにあたっ

て、N社が「NODE　B」という移動体の基地局を三〇〇〇局受注しました。当社はN社、Nロジスティック社との共同事業として、〇一年に基地局の機器のアッセンブル工場（プリフィッティング）をイギリスにつくることになりました。

N社が無線機を設計し、本体は日本から、電源は現地のイギリスで、キャビネットはドイツから、バッテリーはフランスから調達し、当社がそれらのコンポーネンツを組み立て、完成品の輸送をNロジスティック社が担当しました。

しかし、コンポーネンツの出荷の遅れ、設置サイトが確定していないなどの理由でスケジュールは大幅に遅れ、実際の組み立て作業がスタートしたのは〇二年一月のことでした。当社からは二人のスタッフが駐在して現場をマネジメントし、同時に日本側に専任のキャッチャー（イギリスと日本間の調整者）を任命しました。

一八名の現地ワーカーを指導して組み立てたのですが、コミュニケーションがネックとなりました。マニュアルは英文に翻訳してありましたが、もっとわかりやすくするために、言語よりも写真を多用したサイバーマニュアルが必要ということになりました。

最初の六〇〇台は、当初一年で仕上げる工程を二カ月で終えることになり、日本からは一〇名を派遣し、悪戦苦闘してなんとか終了しました。

この仕事が一段落したころにサイバーマニュアルを完成させ、現地ワーカーからはとてもわかりやすいと好評でした。外国人はマニュアルで一から一〇まできっちり指示しないと仕事をしません。その点でも、サイバーマニュアルは非常に有効だったようです。彼らは最初、プリントアウトしたものを片手にもって作業していたと聞いています。

◆PBTとサイバーマニュアルで問題に取り組む

この時期、サイバーマニュアルが活用されたもう一つの例として、イギリスでのエントランス無線（簡易なマイクロ波通信システム）の事例があります。

〇二年にN社が受注したもので、あるプロジェクトのためのモバイル基地局を建設するという案件です。当社はエントランス無線の現調と設置工事を受注しましたが、工程の大幅な遅れをかかえていました。

状況を調べるために二人のスタッフを派遣しましたが、具体的な解決策がなく、さらに人員増の要請が出るなど、プロジェクトの改善策が見えない状況に陥っていました。

この状況を打開しようと、二週間の期限付きで現地に出張した担当部長のMは、現場で直接ヒアリングし、プロセスマップをつくり、おおまかな改善案をまとめて帰国し、社内で検討しました。

しかし、机上で見えていた対策を実行するためには、具体的にサイバーマニュアル化しなければならないということになり、Mは二回目の出張に出かけました。

現地に派遣されている当社の社員たちからは、業務の分析やサイバーマニュアルの作成に時間をかけるよりも、目先の課題を消化するのが先決だ、課題はわかっているのだからアクションをサポートしてほしいという否定的な意見があったようです。

しかし、Mはそうした意見を理解しながらも、現地のスタッフと後述する「PBT手法」によって、「業務プロセスの洗い出し」「問題の解析と可視化・共有化」「プロセスの組み換え」などに取り組みました。海外の現場、しかも工事の大幅な遅延という状況下でのこの判断には勇気がいったと思います。

しかし問題を解析し可視化させることで、手を打つべきところと優先順位が把握しやすくなり、改善点も明確になったのです。彼らがつくったサイバーマニュアルの原案は日本にフィードバックされ、日本側がそのサイバーマニュアルを完成させました。

これ以前も、現地の人に業務を教えるためにマニュアルを使っていましたが、具体的なサイバーマニュアルにすることによって教育資料としても活用でき、共通の理解と認識を得ることができました。

当時は、日本人が出張してプロジェクトを動かすのではなく、現地スタッフによるプロジェクト運営が大きな課題となっていました。コスト低減が大きな目的ではありましたが、日本人関係者が心身ともに疲れ果てていたので、早く帰国させる必要もありました。そのときにサイバーマニュアルが大いに役立ったのです。

MはWBS（ワーク・ブレークダウン・ストラクチャー）を書き出して手順化し、プロセスを必要に応じて提示し、理解しにくいものについては、写真入りでマニュアルにしながら、それを使って現地人サポートにOJTを行いました。これらはサイバーマニュアル追加ホルダーに格納されました。

その後、現地採用したスタッフは、みずからプロセスの構築を見直し、必要に応じてマニュアル化とその改訂を実行していきました。

こうしてMは六カ月後にようやく帰国できたというわけです。現地に残ったメンバーや新しく日本から出張したメンバーも同じような対応を続けました。

その後もイギリスのサイバーマニュアルは、現地スタッフによって改版が続けられ、プロシージャー型（手順書的な役割）と非プロシージャー型（ノウハウや情報リスクなど）という二つの側面で格納されています。

これらは、いまでもプロジェクトサイバーマニュアルのベンチマークになっています。

◆PBTは六つのステージから構成されている

○一年から、社内規定や業務マニュアルを電子化したサイバーマニュアルづくりを全社的に推進し始めました。写真や図表を多用して、言語と文化の異なるイギリス人のワーカーとの共同作業を円滑にしたことは、すでに紹介したとおりです。

あるプロジェクトなり手順をサイバーマニュアルにするには、まず業務を分解し、ツリー構造で表現することが必要です。従来は業務を分解することは個人のスキルに頼っており、各人が試行錯誤をくり返しながら行ってきました。

私たちは、このプロセスを進めるための分析ツールと、それを体系化する手法を確立しました。これを「パフォーマンス・ブレークスルー」（PBT）と呼んでいます。いい換えれば、仕事を分析して再設計するという一連の行為のことです。

PBTは、次の六つのステージから構成されています（**図表4－2**）。

- ●第一ステージ……対象決定……何のどこを対象にするのか？
- ●第二ステージ……分析…………どういう状態なのか？
- ●第三ステージ……評価…………なぜそうなのか？

●第四ステージ……見通し………どういう考え方でどういうふうにしたいのか？
●第五ステージ……再設計………どのように組み立てるのか？
●第六ステージ……アクション・プランニング……どうすれば実行できるのか？

六つのステージを進めるにあたっては、**図表4－2**のように「プロセスマップ」「プロセスチャート」「ツリー」の三つの分析ツールを使っていきます。

PBTを始めるにあたっては、まず**図表4－3**のように3×3の領域で考えます。九つのセルのヨコ軸は、分析しようとする対象が作業レベルなのか、業務レベルなのか、それとももっと高次元のビジネスレベルなのかを示しています。タテ軸は、PBTがいまどのステージにいるのかを示しています。

Aの現状分析は、どういう状態になっているかを明らかにする段階。
Bの問題解析は、かかえている問題を解消する段階。
Cの再設計は、どのように組み立てれば最適化できるかを考える段階。
このように、分析するときには、

●エリア試験のような作業の領域を分析するのか
●意思決定のための業務を分析するのか
●戦略的な観点からビジネスを分析するのか

図表 4-2　3 つの分析ツールを使う

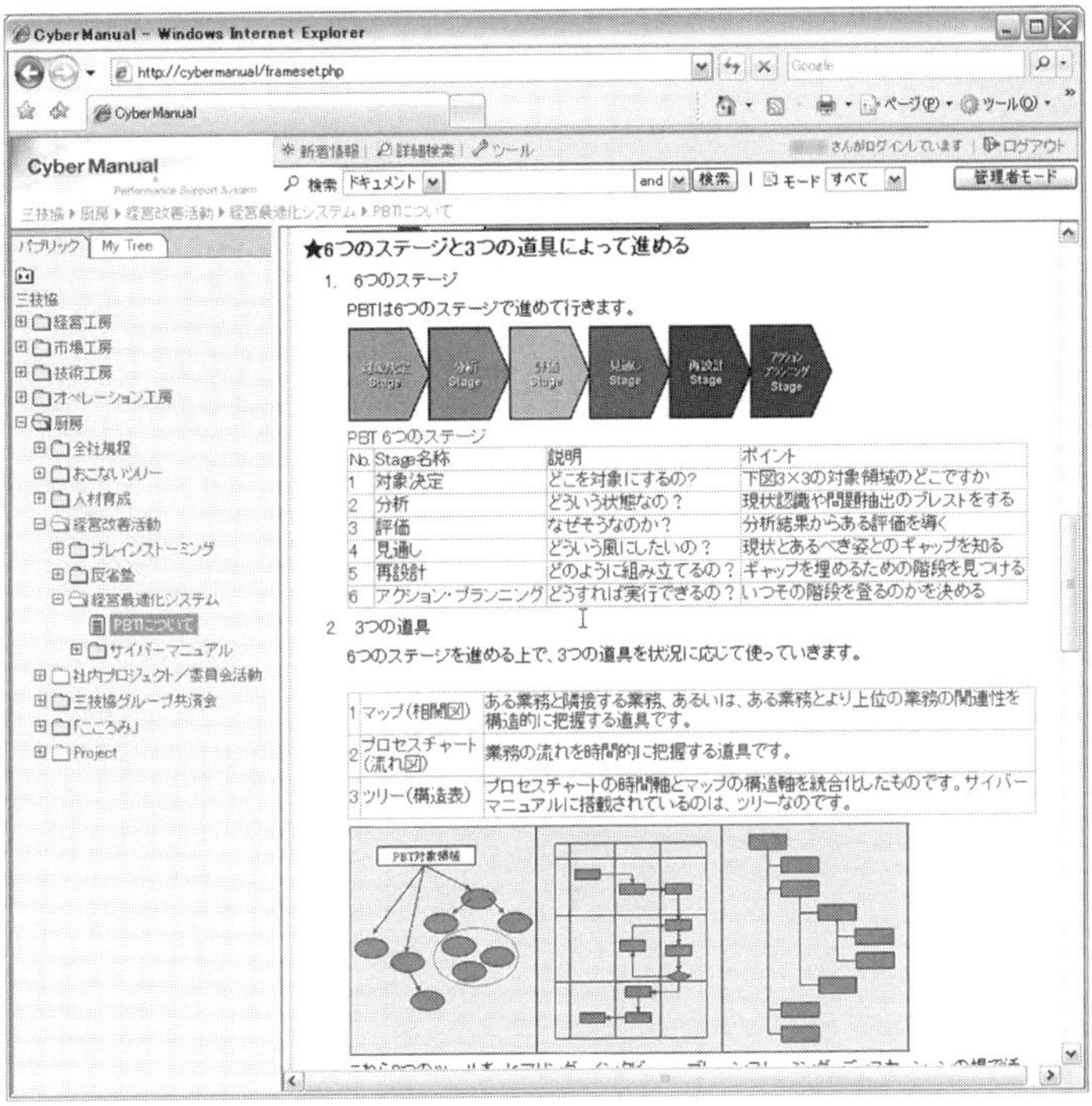

★6つのステージと3つの道具によって進める

1. 6つのステージ

PBTは6つのステージで進めて行きます。

PBT 6つのステージ

No.	Stage名称	説明	ポイント
1	対象決定	どこを対象にするの？	下図3×3の対象領域のどこですか
2	分析	どういう状態なの？	現状認識や問題抽出のブレストをする
3	評価	なぜそうなのか？	分析結果からある評価を導く
4	見通し	どういう風にしたいの？	現状とあるべき姿とのギャップを知る
5	再設計	どのように組み立てるの？	ギャップを埋めるための階段を見つける
6	アクション・プランニング	どうすれば実行できるの？	いつその階段を登るのかを決める

6つのステージを進める上で、3つの道具を状況に応じて使っていきます。

1	マップ(相関図)	ある業務と隣接する業務、あるいは、ある業務とより上位の業務の関連性を構造的に把握する道具です。
2	プロセスチャート(流れ図)	業務の流れを時間軸で把握する道具です。
3	ツリー(構造表)	プロセスチャートの時間軸とマップの構造軸を統合化したものです。サイバーマニュアルに搭載されているのは、ツリーなのです。

図表 4-3 「3 × 3」の領域設定が PBT の第一段階

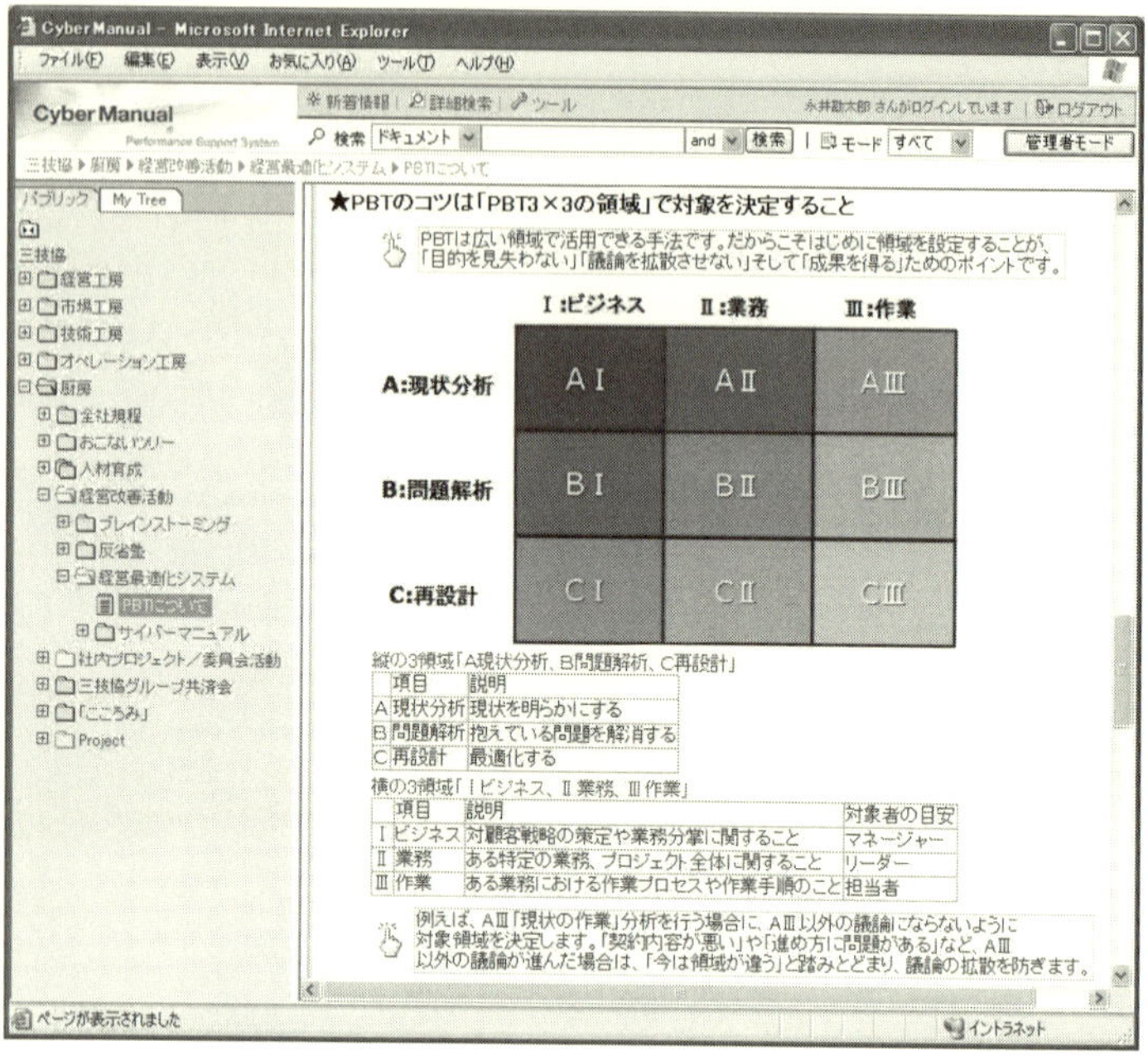
CyberManual - Microsoft Internet Explorer
★PBTのコツは「PBT3×3の領域」で対象を決定すること
PBTは広い領域で活用できる手法です。だからこそはじめに領域を設定することが、「目的を見失わない」「議論を拡散させない」そして「成果を得る」ためのポイントです。
Ⅰ:ビジネス
Ⅱ:業務
Ⅲ:作業
A:現状分析
B:問題解析
C:再設計
AⅠ AⅡ AⅢ BⅠ BⅡ BⅢ CⅠ CⅡ CⅢ
縦の3領域「A現状分析、B問題解析、C再設計」
項目 説明
A 現状分析 現状を明らかにする
B 問題解析 抱えている問題を解消する
C 再設計 最適化する
横の3領域「Ⅰビジネス、Ⅱ業務、Ⅲ作業」
項目 説明 対象者の目安
Ⅰ ビジネス 対顧客戦略の策定や業務分掌に関すること マネージャー
Ⅱ 業務 ある特定の業務、プロジェクト全体に関すること リーダー
Ⅲ 作業 ある業務における作業プロセスや作業手順のこと 担当者
例えば、AⅢ「現状の作業」分析を行う場合に、AⅢ以外の議論にならないように対象領域を決定します。「契約内容が悪い」や「進め方に問題がある」など、AⅢ以外の議論が進んだ場合は、「今は領域が違う」と踏みとどまり、議論の拡散を防ぎます。
ページが表示されました

という位置決めが必要です。そして、どのレイヤーに分析しようとするかを明らかにした上で、現状分析、問題解析、そして最適化（オプティマイズ）のための再設計に進んでいきます。

◆新規開拓・受注拡大にも威力を発揮するPBT

PBTは営業活動にも活用しています。私たちが既存・新規の顧客を問わず営業しようとした場合、PBTを使って顧客分析を行います。すでに「顧客PBTテンプレート」が用意されていて、次のようなステップで進めていきます（**図表4－4～4－8**）。

●ステップ0…対象顧客の決定
顧客のホームページから社名、住所、年商、従業員などを記載し、受注実績、事業計画値などを追記する。

●ステップ1…現状分析
・顧客の事業領域マトリックスを作成する。顧客の業種、作業プロセス、対象機器、地域などを切り口に顧客の事業内容を理解する。
・自社の得意領域、不得意領域を評価する。

・詳細分析を進める分析ターゲットを決める。

●ステップ２：情報収集

・攻めどころを見つけるための調査を行う。

・より可能性の高い攻めどころを見極める。

・受注シナリオを描く受注ターゲットを決める。

●ステップ３：戦略策定

・受注シナリオを描き、課題を洗い出す。

●ステップ４：戦略実行

図表4-4　ステップ0…対象顧客（部署）の決定

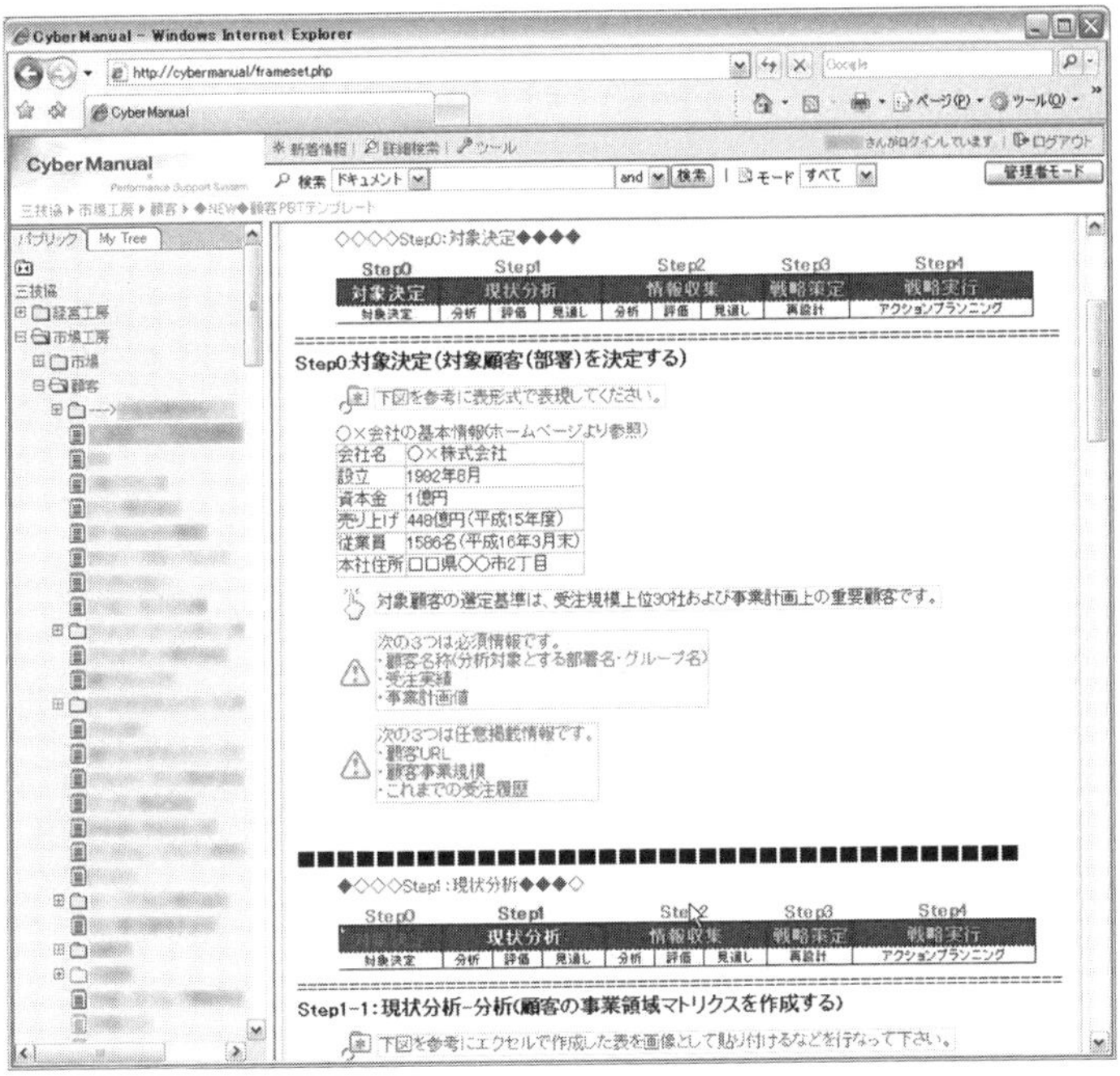

図表 4-5　ステップ 1-1… 現状分析（顧客の事業領域マトリクス作成）

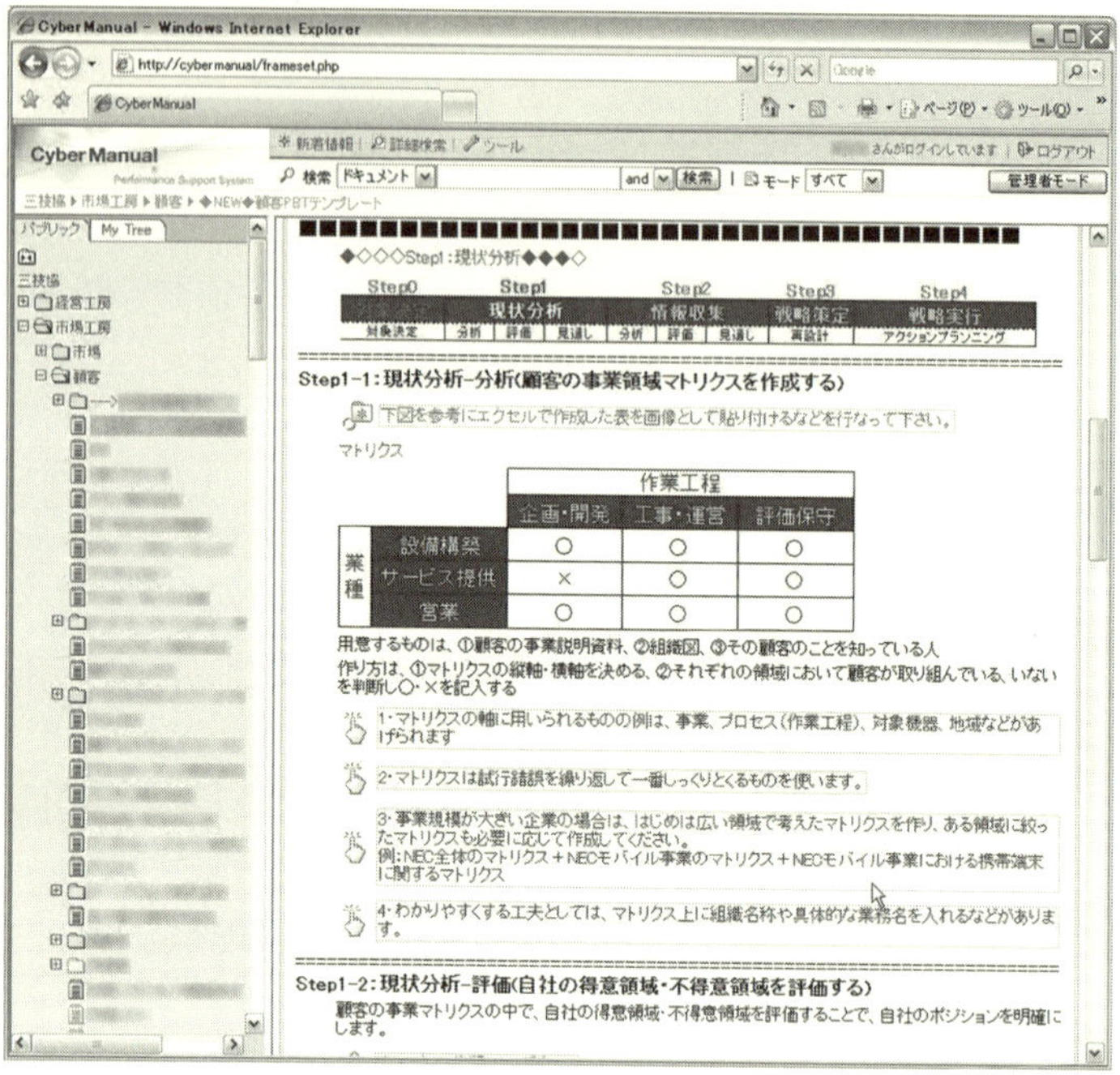
CyberManual - Windows Internet Explorer
http://cybermanual/frameset.php
CyberManual
ページ(P)
ツール(O)
Cyber Manual
Performance Support System
新着情報
詳細検索
ツール
さんがログインしています
ログアウト
検索
ドキュメント
and
検索
モード
すべて
管理者モード
三技協 ▸ 市場工房 ▸ 顧客 ▸ ◆NEW◆顧客PBTテンプレート
パブリック
My Tree
三技協
経営工房
市場工房
市場
顧客
◆◇◇◇Step1：現状分析◆◆◆◇
Step0
Step1
Step2
Step3
Step4
現状分析
情報収集
戦略策定
戦略実行
対象決定
分析
評価
見通し
分析
評価
見通し
再設計
アクションプランニング
Step1-1：現状分析−分析（顧客の事業領域マトリクスを作成する）
下図を参考にエクセルで作成した表を画像として貼り付けるなどを行なって下さい。
マトリクス
作業工程
企画・開発
工事・運営
評価保守
業種
設備構築
○
○
○
サービス提供
×
○
○
営業
○
○
○
用意するものは、①顧客の事業説明資料、②組織図、③その顧客のことを知っている人
作り方は、①マトリクスの縦軸・横軸を決める、②それぞれの領域において顧客が取り組んでいる、いないを判断し○・×を記入する
1・マトリクスの軸に用いられるものの例は、事業、プロセス（作業工程）、対象機器、地域などがあげられます
2・マトリクスは試行錯誤を繰り返して一番しっくりとくるものを使います。
3・事業規模が大きい企業の場合は、はじめは広い領域で考えたマトリクスを作り、ある領域に絞ったマトリクスも必要に応じて作成してください。
例：NEC全体のマトリクス＋NECモバイル事業のマトリクス＋NECモバイル事業における携帯端末に関するマトリクス
4・わかりやすくする工夫としては、マトリクス上に組織名称や具体的な業務名を入れるなどがあります。
Step1-2：現状分析−評価（自社の得意領域・不得意領域を評価する）
顧客の事業マトリクスの中で、自社の得意領域・不得意領域を評価することで、自社のポジションを明確にします。

図表4-6 ステップ1-2…現状分析(自社の得意領域・不得意領域を評価する)
ステップ1-3…現状分析(分析ターゲットを決める)
ステップ2-1…情報収集(「攻めどころ」発見のための調査)

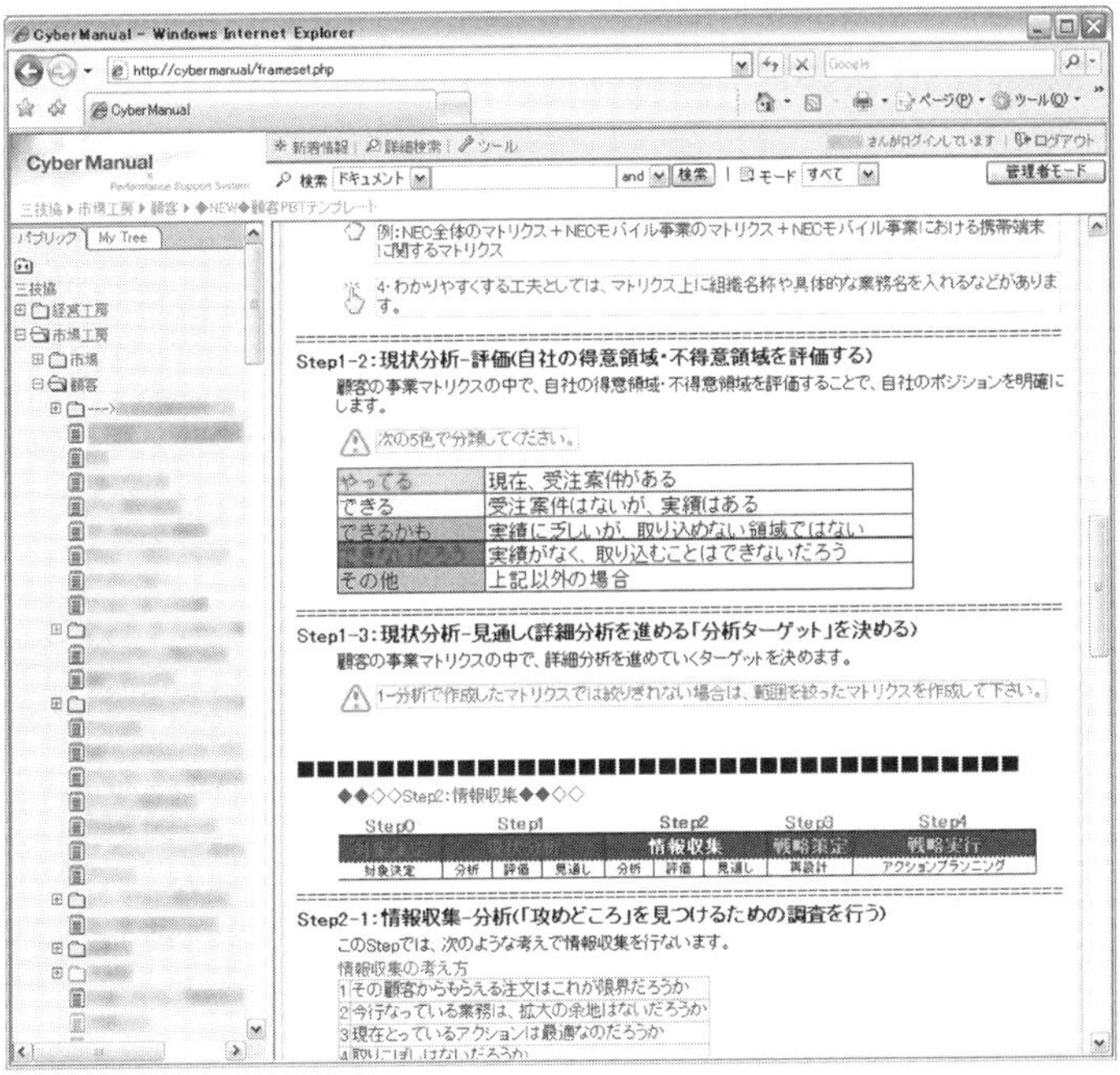

図表 4-7 ステップ2-2…情報収集(可能性の高い「攻めどころ」を見極める)
ステップ2-3…情報収集(注文シナリオを描く)

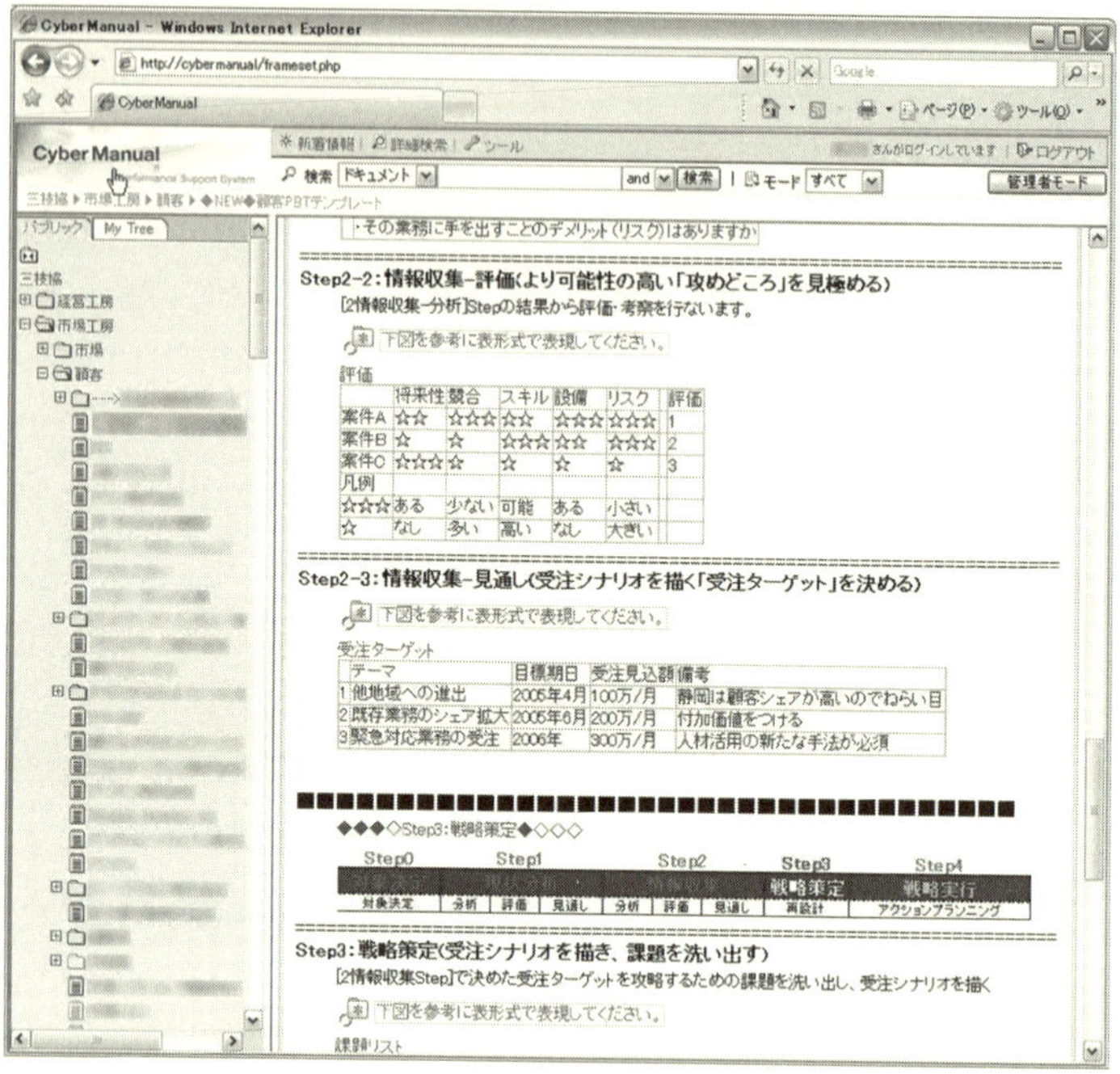

CyberManual - Windows Internet Explorer
http://cybermanual/frameset.php
CyberManual
Cyber Manual
新着情報
詳細検索
ツール
さんがログインしています
ログアウト
検索
ドキュメント
and
検索
モード
すべて
管理者モード
パブリック
My Tree
三技協
運営工房
市場工房
市場
顧客
・その業務に手を出すことのデメリット(リスク)はありますか
Step2-2：情報収集-評価(より可能性の高い「攻めどころ」を見極める)
[2情報収集-分析]Stepの結果から評価・考察を行ないます。
下図を参考に表形式で表現してください。
評価
将来性 競合 スキル 設備 リスク 評価
案件A ☆☆ ☆☆☆ ☆☆ ☆☆☆ ☆☆☆ 1
案件B ☆ ☆ ☆☆☆ ☆☆ ☆☆☆ 2
案件C ☆☆☆ ☆ ☆ ☆ ☆ 3
凡例
☆☆☆ ある 少ない 可能 ある 小さい
☆ なし 多い 高い なし 大きい
Step2-3：情報収集-見通し(受注シナリオを描く「受注ターゲット」を決める)
下図を参考に表形式で表現してください。
受注ターゲット
テーマ 目標期日 受注見込額 備考
1 他地域への進出 2005年4月 100万/月 静岡は顧客シェアが高いのでねらい目
2 既存業務のシェア拡大 2005年6月 200万/月 付加価値をつける
3 緊急対応業務の受注 2006年 300万/月 人材活用の新たな手法が必須
◆◆◆◇Step3：戦略策定◆◇◇◇
Step0 Step1 Step2 Step3 Step4
戦略策定
戦略実行
対象決定 分析 評価 見通し 分析 評価 見通し 再設計 アクションプランニング
Step3：戦略策定(受注シナリオを描き、課題を洗い出す)
[2情報収集Step]で決めた受注ターゲットを攻略するための課題を洗い出し、受注シナリオを描く
下図を参考に表形式で表現してください。
課題リスト

図表4-8　ステップ3…戦略決定(注文シナリオを描き、課題を洗い出す)
ステップ4…戦略決定(アクションプランを決定する)

◆ＰＢＴで業務全体の最適化に成功した事例（1）

ＰＢＴの現在のモデルを完成するまでに、いろいろな分析活動を試みましたが、その試行錯誤の一例として、〇一年一二月にK社某交換所（オペレーションセンター）で行った業務分析の事例を紹介します。

このオペレーションセンターでアルバイトやパートタイマーを募集し、ベテランの仕事を経験のない彼らにやってもらうためにはどうしたらよいか、マニュアルを利用して品質を下げることなくコストを下げるにはどうしたらよいか、という課題についてＰＢＴを行いました。

この課題を解決できれば、次のような効果が期待できます。

- 大幅なコストダウンが見込める
- 人員的に余裕ができ人の増減に対処しやすくなる
- 他社との差別化ができる
- 品質を下げないですむ
- K社へのインパクトが大きい（不可能と思われていた作業でもパートタイマーを活用できる）

まず検討を進めるにあたって、定型単純作業を彼らに適用するにはどうしたらよいか、ということから始めました。

そのために業務内容を分析し、業務内容比率を含め細分化したうえで、彼らで行える範囲を選定しました（難易度の高い業務は、従来どおりエキスパートエンジニアが行う）。

これにより正社員とアルバイト・パートタイマーの比率が明確になります。そして彼らを活用するためには、きちんとしたマニュアルの整備と、業務内容の明確化が必要不可欠になります。ただし次のような問題点が出てきます。

●アルバイト・パートタイマーは入退社のサイクルが早いので、いかにして即戦力にするかという問題

●アルバイト・パートタイマーの面接、管理監督、勤務交代はどうするかという問題（二交替制のときの勤務時間の長さ、三交替制のときの人の出入りの多さ）

●セキュリティの問題（内部機密情報が外部に漏れやすくなる）

当社にとっての重要な差別化要因としては、業務を細分化することでアルバイトやパートタイマーを使える環境をつくることでした。このような点について議論をした上で、さらに後日、パートタイマー導入を進めるにあたって、次のような観点から検討しました。

●パートタイマー導入全体費用（K社と当社の双方にメリットがあるようにする）

●派遣の費用（K社から支払われる派遣費用）
●原価低減要求（K社側からの原価低減要求の見通し）
●監視センター業務と現在のスタッフ数
●パート採用の場合の仕事量（当面は日勤で検討）
●品質を落とさない対策（トラブルの種類、頻度、難易度を分析し、障害内容を分析するための最適ロジックの作成）

◆PBTで業務全体の最適化に成功した事例（2）

もう一つ、携帯電話基地局間の無線設備設置プロジェクトでPBTを実行し、業務全体の最適化を行った事例を紹介します。以下は、サイバーマニュアルに掲載されている文書をほぼそのまま転載しています。

●現状把握……初めて経験する海外での大型プロジェクトだったため、数々の困難に直面し、納期が大幅に遅れた。
●業務のプロセスチャート化……現状の業務を分析するため、全業務をプロセスチャートにした（**図表4-9、10**）。

●問題の分析…分析の結果、以下のような問題点がわかった。
・業務の役割分担が不明確→業務が重複し本来やらなくていい業務をしており、工数が増加。
・工事の前提条件が不明確→再工事が多発し費用が増加し納期を圧迫。
・部分的な改善の実施→すぐに他の問題が発生し工数と費用が増大。
●見通し………右記の問題を解決するために、以下の対策を実施した。
・対策1　役割分担を再定義した。
・対策2　工事着工の前提条件を明確化にする。着工前準備状況を確認し、条件を満たさない局のスケジュールを変更した。
・対策3　全体最適化を行い業務がスムーズに流れるようにした。
●プロセスの再設計……これらの対策を実施するため、プロセスを再設計し、新しい業務のプロセスチャートを作成した。
●成果………業務全体の流れを把握でき、事前の問題予測・問題回避ができるようになり、プロジェクト全体を改善前よりスムーズに運用できるようになった。さらに、各役割分担が明確になったことで、各担当のパフォーマンスと各業務のアウトプットの質も向上した。

図表 4-9　すべての業務をフローチャート化する

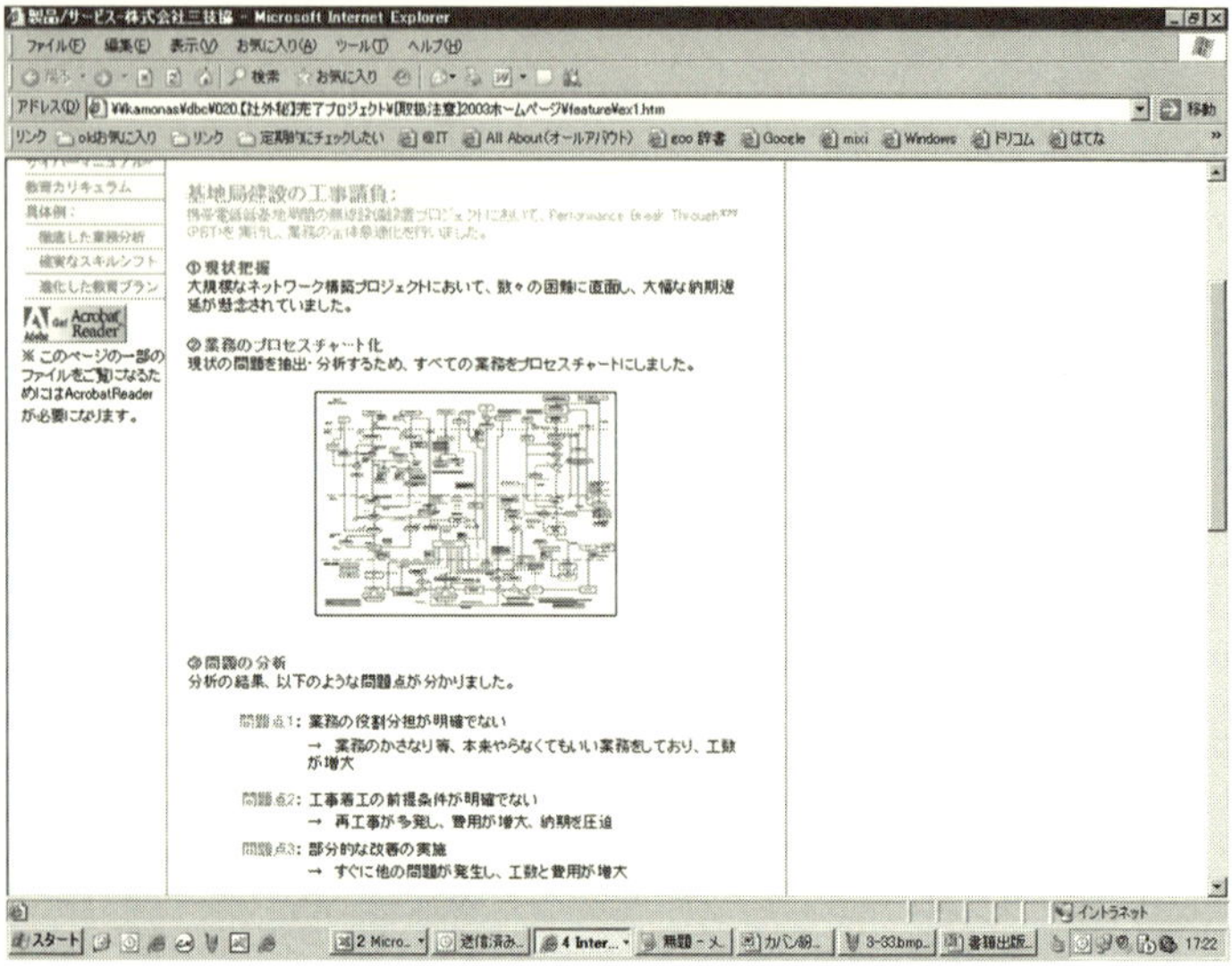

図表 4-10　プロセスの最適化で業務がスムーズに流れる

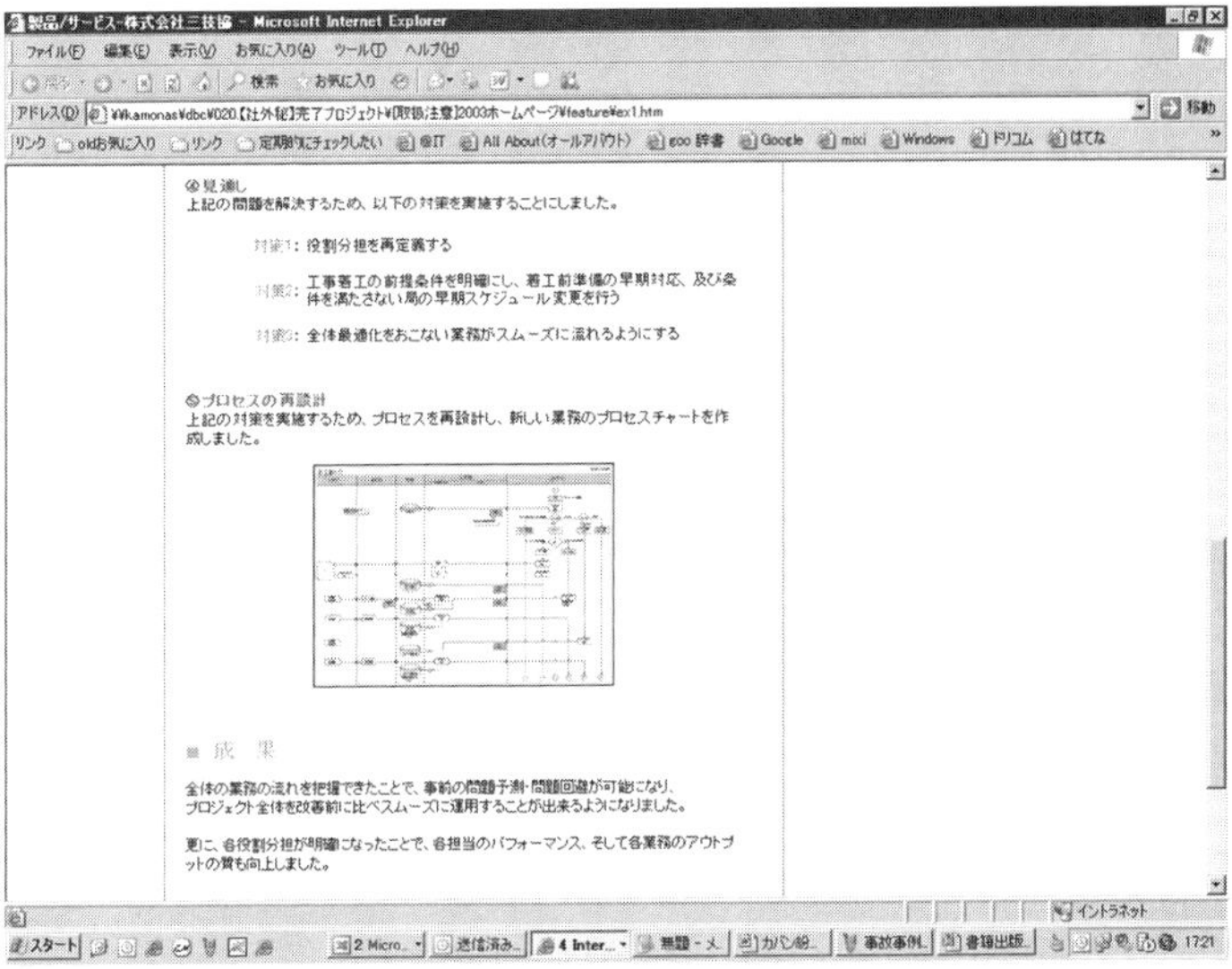
製品/サービス-株式会社三技協 - Microsoft Internet Explorer
ファイル(F)　編集(E)　表示(V)　お気に入り(A)　ツール(T)　ヘルプ(H)
検索　お気に入り
アドレス(D)　¥¥kamonas¥dbc¥020.【社外秘】完了プロジェクト¥【取扱注意】2003ホームページ¥feature¥ex1.htm
移動
リンク　oldお気に入り　リンク　定期的にチェックしたい　@IT　All About(オールアバウト)　goo 辞書　Google　mixi　Windows　ドリコム　はてな
④見通し
上記の問題を解決するため、以下の対策を実施することにしました。
対策1：役割分担を再定義する
対策2：工事着工の前提条件を明確にし、着工前準備の早期対応、及び条件を満たさない局の早期スケジュール変更を行う
対策3：全体最適化をおこない業務がスムーズに流れるようにする
⑤プロセスの再設計
上記の対策を実施するため、プロセスを再設計し、新しい業務のプロセスチャートを作成しました。
成果
全体の業務の流れを把握できたことで、事前の問題予測・問題回避が可能になり、
プロジェクト全体を改善前に比べスムーズに運用することが出来るようになりました。
更に、各役割分担が明確になったことで、各担当のパフォーマンス、そして各業務のアウトプットの質も向上しました。
イントラネット
スタート　2 Micro...　送信済み...　4 Inter...　無題 - メ...　事故事例...　書籍出版...　17:21

5章

サイバーマニュアルの仕組みと活用法

◆一万のドキュメントがツリー構造で格納されている

サイバーマニュアルには、どれくらいのドキュメントが「格納」されているかというと、約一万ドキュメントです。「一万ページ」ではありません。ツリーをどんどんたどっていって、目的のページが入っている最末端までのツリーに入っているドキュメントの数です。それぞれのドキュメントは数ページのものから一〇ページを超えるものもありますから、ページ数に換算すると膨大な量になります。

ツリーの第一階層は次の五つの「工房」から成っています。さらには、第二階層、第三階層とたどっていくと、ここに示したツリーの数で構成されています（**図表5－1**）。

- 経営工房……経営、執行、監査に関わること。計二二〇〇。
  ツリー数がもっとも多いのは「執行」で約二一〇〇。
- 市場工房……市場、顧客、商品に関わること。計六〇〇。
  もっともツリー数が多いのは「顧客」の約三〇〇。
- 技術工房……技術開発、要素技術、その他技術に関わること。計五〇〇。
- オペレーション工房……プロジェクトツリー、業務ツリーから成る事業推進に関わる

図表 5-1　第一階層は５つの「工房」から成り立っている

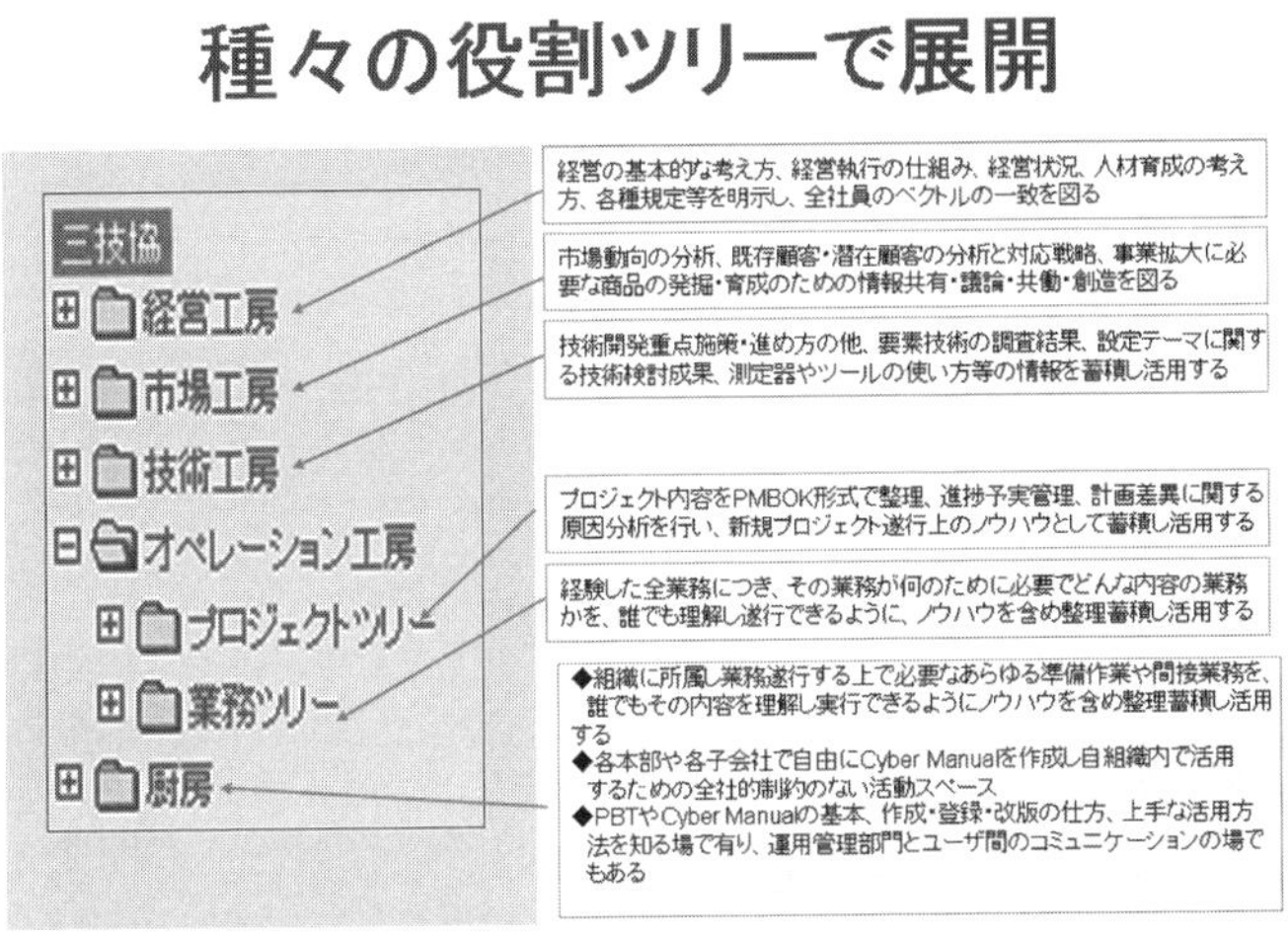
種々の役割ツリーで展開
三技協
経営工房
市場工房
技術工房
オペレーション工房
プロジェクトツリー
業務ツリー
厨房
経営の基本的な考え方、経営執行の仕組み、経営状況、人材育成の考え方、各種規定等を明示し、全社員のベクトルの一致を図る
市場動向の分析、既存顧客・潜在顧客の分析と対応戦略、事業拡大に必要な商品の発掘・育成のための情報共有・議論・共働・創造を図る
技術開発重点施策・進め方の他、要素技術の調査結果、設定テーマに関する技術検討成果、測定器やツールの使い方等の情報を蓄積し活用する
プロジェクト内容をPMBOK形式で整理、進捗予実管理、計画差異に関する原因分析を行い、新規プロジェクト遂行上のノウハウとして蓄積し活用する
経験した全業務につき、その業務が何のために必要でどんな内容の業務かを、誰でも理解し遂行できるように、ノウハウを含め整理蓄積し活用する
◆組織に所属し業務遂行する上で必要なあらゆる準備作業や間接業務を、誰でもその内容を理解し実行できるようにノウハウを含め整理蓄積し活用する
◆各本部や各子会社で自由にCyber Manualを作成し自組織内で活用するための全社的制約のない活動スペース
◆PBTやCyber Manualの基本、作成・登録・改版の仕方、上手な活用方法を知る場で有り、運用管理部門とユーザ間のコミュニケーションの場でもある

こと。計二五〇〇。業務ツリーは一八〇〇に達している。

●厨房………おこないツリー、組織ツリーからなる現業支援に関わること。計五〇〇〇。

サイバーマニュアルのなかでツリー数のもっとも多い工房。

サイバーマニュアルの最大の特徴はツリー構造になっている点です。ここに蓄積されている約一万のドキュメントは、すべて右の五つの工房のどれかに「格納」されています。といっても、五つの工房を開くと、いきなり一万のドキュメントがどっと出てくるのではなく、工房の下はたくさんのツリーがあり、さらにその下にはもっとたくさんのツリーがあり、さらに……という構造になっています。

「検索」の右枠に見たいページのキーワードを入力すれば、即座に必要なページに飛ぶことができます。また、「新着情報」をクリックすると、サイバーマニュアルの新版・改版情報やコメントを見ることができます。

社員が出社してパソコンを利用するときは、まずサイバーマニュアルとoutlook（e-mail & schedule）をチェックします。スタートメニューの「CM」（サイバーマニュアル）のアイコンをクリックすると、イントラ情報があらわれます。ログイン・ネームとパスワードを入力すると、サイバーマニュアルを利用することができます（**図表5－2**）。

図表5－3は、「2ポートローゼット」（LAN）に関する画面です。このページを見たい

図表 5-2　1 クリックでサイバーマニュアルが立ち上がる

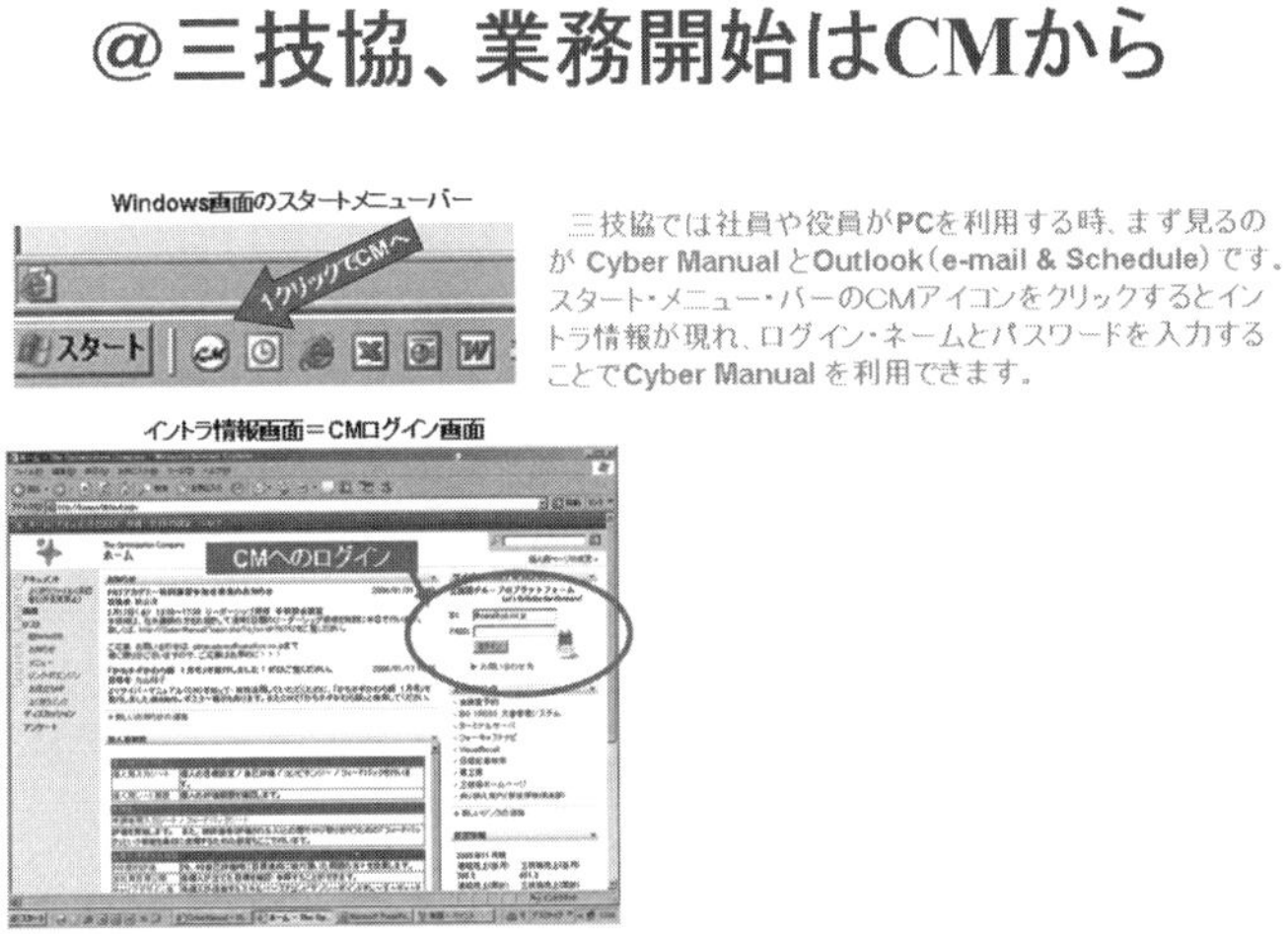
@三技協、業務開始はCMから
Windows画面のスタートメニューバー
1クリックでCMへ
スタート
インドラ情報画面＝CMログイン画面
CMへのログイン
三技協では社員や役員がPCを利用する時、まず見るのが Cyber Manual とOutlook（e-mail & Schedule）です。スタート・メニュー・バーのCMアイコンをクリックするとイントラ情報が現れ、ログイン・ネームとパスワードを入力することでCyber Manual を利用できます。

図表5-3　2ポートクローゼット（LAN）を表示

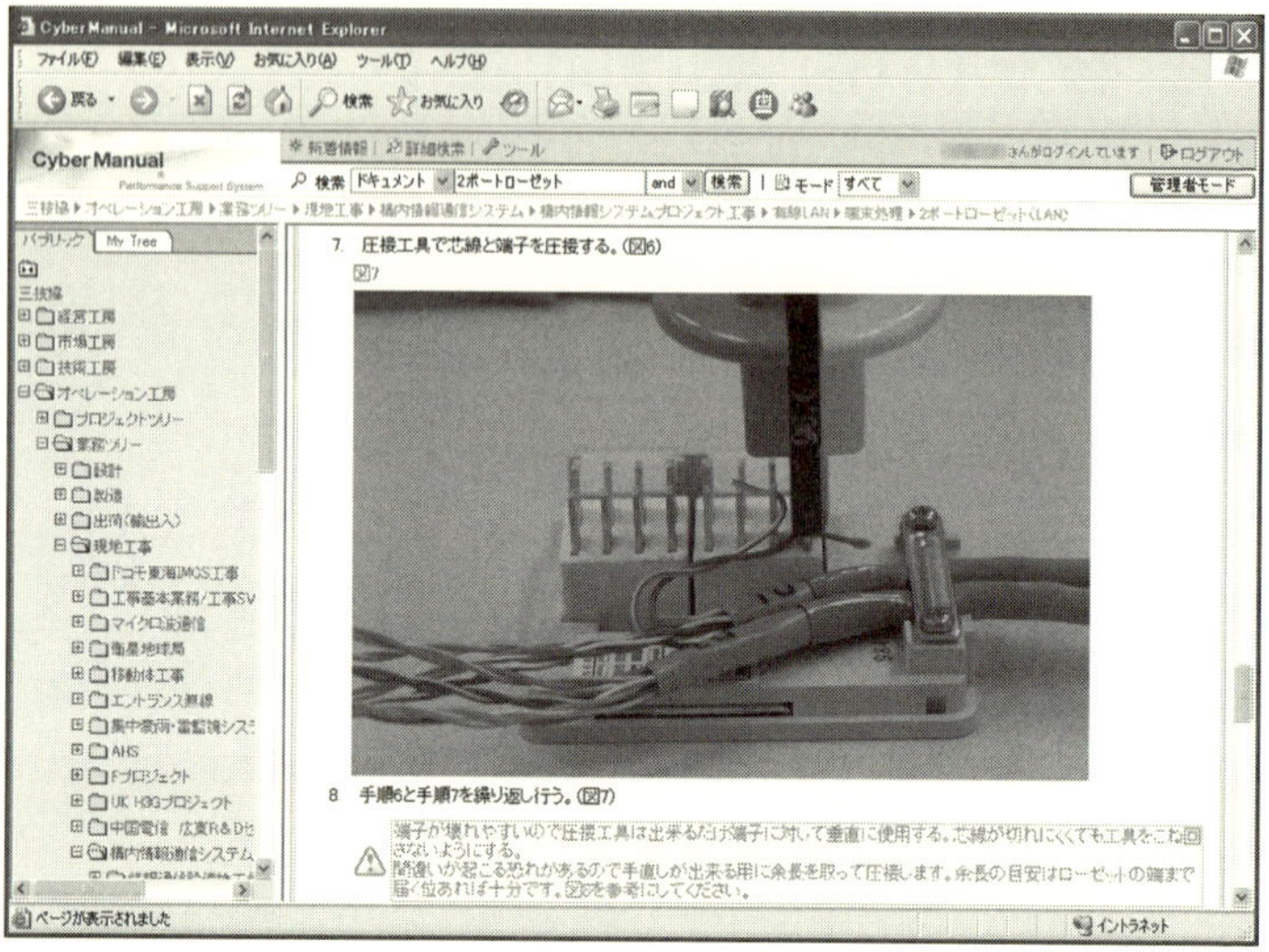

ときは、「業務ツリー」のフォルダーをクリックし、以下「現地工事」→「構内情報通信システム」→「構内情報通信システムプロジェクト工事」→「有線LAN」→「端末処理」と次々にフォルダーをクリックしていくと、目的の「二ポートトローゼット」のページにたどり着きます。

パソコンに慣れていない人にはイメージしにくいと思いますが、要するに、「業務ツリー」は大きなホルダーです。そのなかに、「設計」や「製造」などと書かれたホルダーがたくさん入っています。「現地工事」と書いてあるホルダーのなかには、「構内情報通信システム」や「移動体工事」などのホルダーが入っているという具合に、ホルダーをどんどん開いていったら、最後のホルダーのなかに「2ポートトローゼット」（LAN）のページ（ドキュメント）が入っているということです。

手間がかかるようですが、瞬間的に次の階層のフォルダーが開きます。時間がかかってイライラするようなことはありません。

◆サイバーマニュアルの探せる・使える・成長する機能

「サイバーマニュアル」は、社内に散在する知識やノウハウを抽出しデータベースとして蓄積・文書化・整理することで、ドキュメントファイリングからeラーニングのシステム、経営プラットホームまで、企業活動のさまざまなシーンで利用できるナレッジ・マネジメントシステムです。また、機能的にもユーザーのワークスタイルや目的に合わせて利用できるように次のような設計になっています。

●探せる機能

キーワード検索はもちろん、内容を分類したツリーをたどることでも検索できます。情報をツリー上に構造化して整理することにより、自分が行う作業が全体のなかでどのような位置づけにあるのかを認識することができます。ビギナーは内容をツリーでたどり、エキスパートは業務名などのキーワードから検索するといった使用方法がとれるのです。

●使える機能

「手順」「画像」「注意事項」など使用者が必要な情報を自分で選択し、表示できます。各コンテンツは「注意事項」「添付」「検索キーワード」などの独自のタグによってデータベースに格納されており、構造化されたドキュメントとして機能します。表示モードを切り替えることで、ビギナーはすべての項目を表示させ、事前のラーニングやトレーニングに使用し、エキスパートは、注意事項だけを表示させ、直前の作業確認といった使い分けができます。

●成長する機能

コメントによって使用者のノウハウの陳腐化を防ぎ進化を支えます。ユーザーがマニュアルにコメントを寄せる場が用意されています。作成者は閲覧者の意見を汲み取って改版できるので、マニュアルを常に最新の状態に保ち、陳腐化を防ぎます。また企業内のさまざまな用途に活用されるなかで、常に新しい知識・ノウハウがフィードバックされ、コーポレートメモリーとして進化していきます。

◎機能の内容

●検索機能

システムに登録されているドキュメントを検索することができる。

●ＰＤＦ化

システムに登録されているドキュメントは、すべてＰＤＦ化して印刷することができる。

●本文表示機能

ツリーの項目をクリックすることで、その内容が表示される。画像、動画、音声の表示、再生も可能で、ｅラーニングなどにも活用できる。

●モード切替機能

利用目的や利用者の習熟度に合わせ、三つのレベルで情報量を切り替えて表示することができる。

●ツリー構造
ツリー状に構築されたフォルダに関連ドキュメントを振り分けることによって、一定のロジックに従ってファイリングすることができる。
●掲示板機能（コメント機能）
各ドキュメントに対してだれでもコメントを書き込むことができる。作成者にフィードバックすることができ、文書情報のライフサイクル管理に役立つ。
●承認機能
承認プロセスを介することで、組織内のオーソライズされたドキュメントを登録・公開する運営に適しており、ドキュメントの品質を保つとともに、内部統制を強力にアシストする。
●閲覧制御機能
ドキュメント単位でアクセス制御することができ、高いセキュリティを提供する。アクセス権の設定により、経営上の機密情報なども安全に管理・保管できる。

◆自分だけのサイバーマニュアルがもてる

ツリー構造のいちばん上にある「パブリック」の隣に「my tree」というタブがあります

図表5-4 「my tree」をクリックすれば……

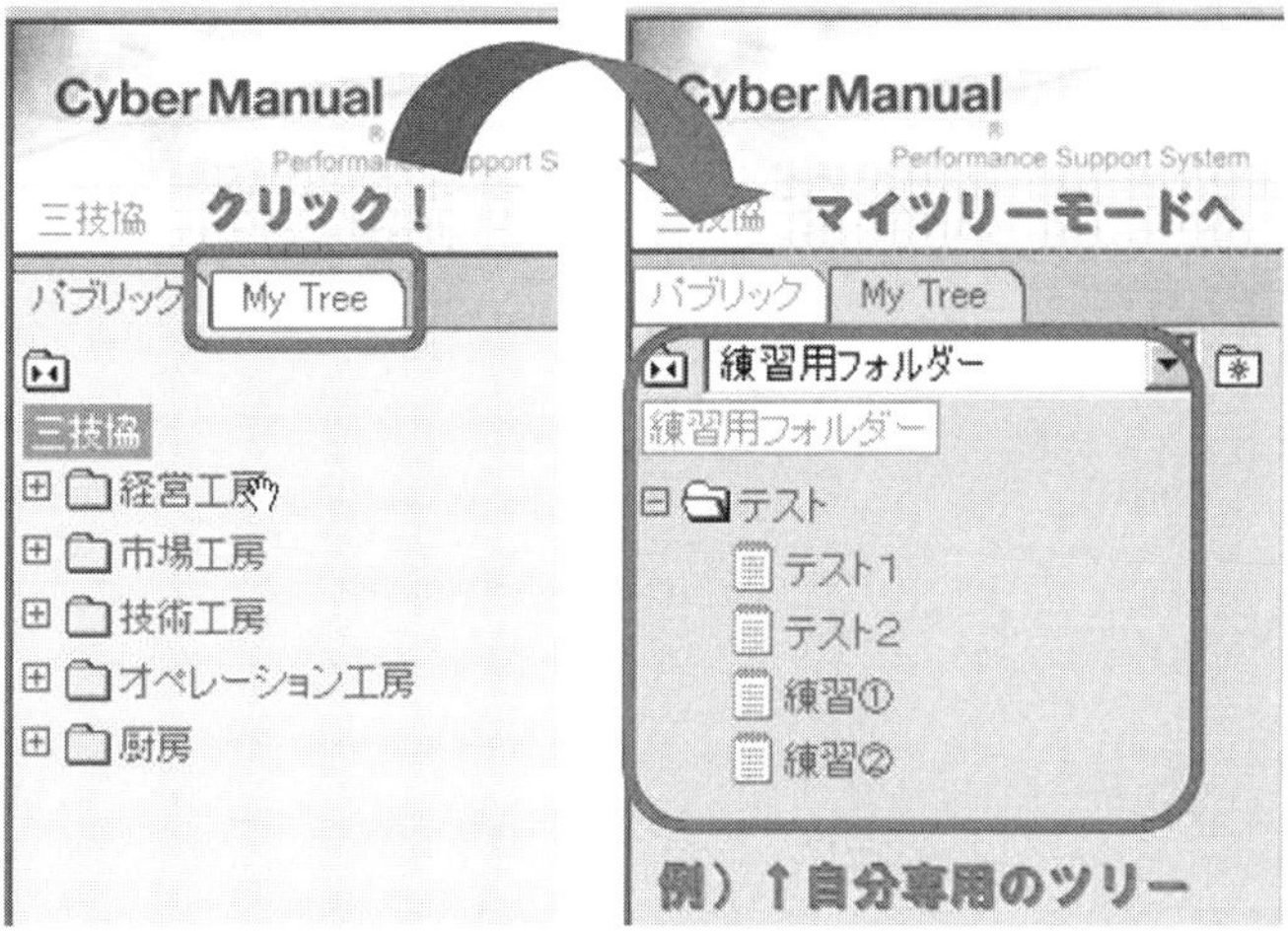

（図表5－4）。ユーザー共通の公開ツリーが「パブリック」ツリーなら、「my tree」は文字どおり、自分だけのツリーです。その特徴は二つあります。

●よく使うマニュアルを「パブリック」ツリーから取り込むことができる

「パブリック」ツリーのなかからとくによく使うものを選んで、自分なりのツリー構造をつくることができます。インターネットエクスプローラーでいうところの「お気に入り」のような機能です。

●自分だけのワークスペースとして利用できる

マニュアルをじっくりと時間をかけてつくりこみたいときに、ツリー構造を自由に変更したり、マニュアルの作成途中で保存するなど、完成度を高めた後で「パブリック」ツリーへの公開を行います。

◆「お役立ち情報」といえる形で納まっている

サイバーマニュアルにはどんなデータが入っているか、具体的に説明しましょう。

次ページの**図表5－5**を見ると、葬儀の段取りと手順がきめ細かに書かれているファイルがあります。会社関係者やその家族に不幸があった場合、会社が葬儀をサポートする際の手順を示しています。

ご覧のとおり、パソコンの画面のページをめくると、最初に「親等図」があって、このマニュアルが適用される範囲を決めています。

次のページでは、訃報に接してから、訃報の社内外関係者への配信、弔意物の手配、スタッフの確保、通夜と告別式の手伝い、さらには反省会まで、一連の流れが一目でわかるように解説されています（**図表5－6、5－7**）。

どこの会社にも会社が関わる葬儀の際の段取り・手順を熟知した人がいるし、社内規定が定められていると思いますが、通夜・告別式当日は遺族の代わりとして葬儀をサポートするのだから、「談笑や短絡的な言動、勝手な判断は絶対に慎む」など、知っていたら役立つヒ

図表 5-5　葬儀をサポートする範囲が定められている

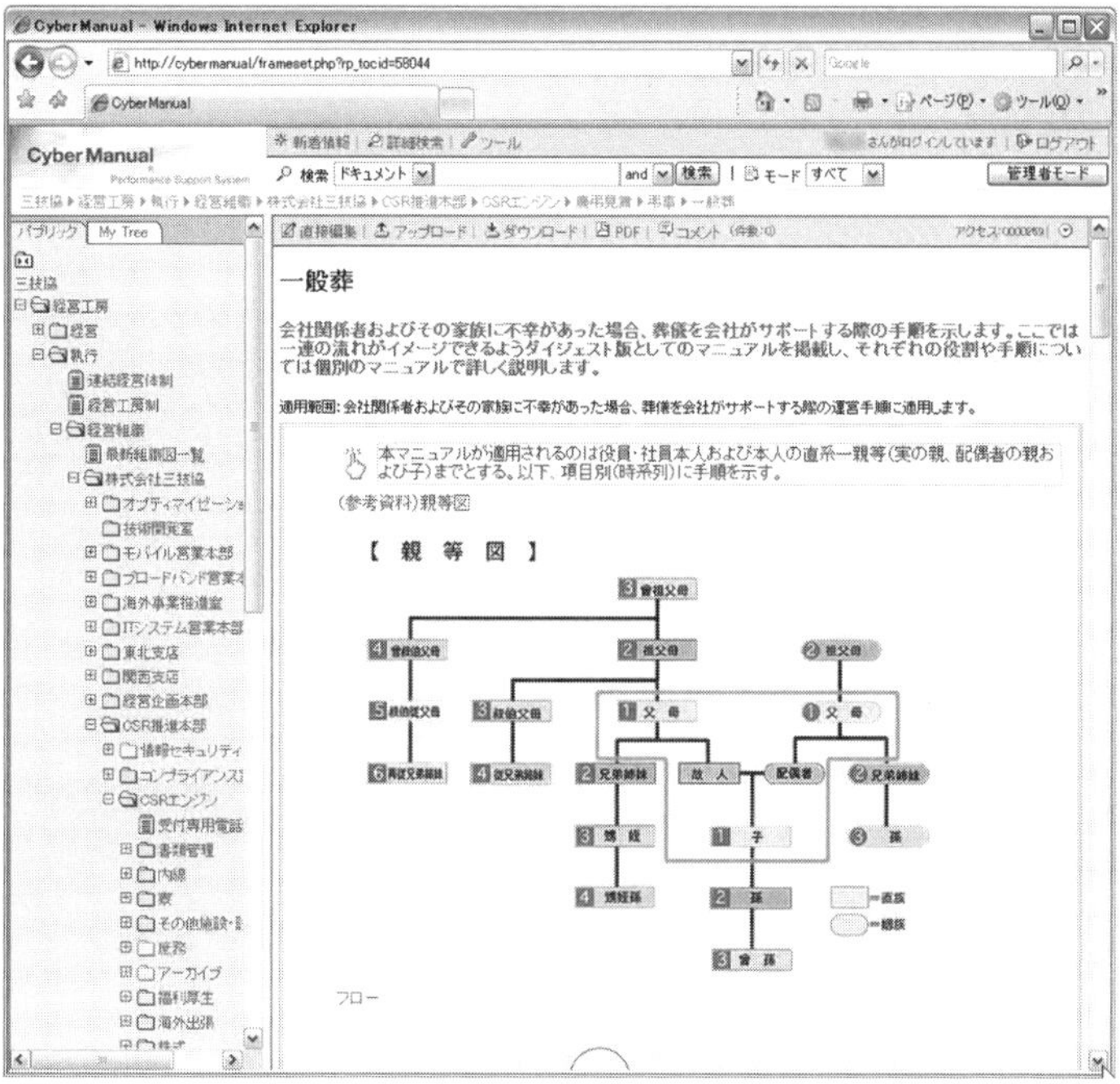

図表 5-6　訃報を入手してから供花、弔問などの段取りを掲載

図表 5-7　葬儀の模様が画像データで解説されている

ントや注意事項まで記載されています。

パソコン画面上の「香典」「手配物一覧」「事前対応」「当日対応」などの文字をクリックすると、具体的なサンプルや手順などが記載されたページに飛びます。さらに、当日の受付、参列、焼香などの写真まで掲載されています。

ここまで詳細な説明があれば、仮に新入社員が葬儀を取り仕切ることになっても戸惑うことはほとんどないと思います。実は、サイバーマニュアルを導入したねらいの一つは、そこにあります。つまり、定型的な業務は、いつでもだれでもパソコンの画面で見ることができる状態にしてありますから、特定の人間がいないと仕事が先に進まないということは、ほとんどありません。

当社の場合、定型的な業務の大半はパソコンの画面を見れば、すぐわかるようになっています。交通費の精算もパソコンの画面から入力して、月に何回かまとめて本人が指定する銀行口座に振り込むようになっていますから、いちいち交通費の精算書を書いて、経理にもって行きお金を受け取るということはありません。

一人ひとりにとっては、小さなムダを省いただけと思うかもしれませんが、会社全体となると、「大きなムダの排除」につながります。

す。

◆複雑な作業手順が新人でも一目瞭然

図表5－3を見ると、ある作業現場の段取りと手順が写真や図入りで解説されています。

「圧縮工具で芯線と端子を圧接する」という作業では、単に作業手順だけでなく、「端子が壊れやすいので、圧縮工具はできるだけ端子に対しては垂直に使用する」とか「芯線が切れにくくても工具をこね回さない」「間違いが起こる恐れがあるので、手直しができるように余長をとって圧接する」「余長の目安はロービットの端まで届けば十分」など、ベテランの知恵やノウハウが紹介されています。

どんな業種でも同じだと思いますが、もともと現場作業というのは、作業内容を熟知している人やベテランの勘と経験に頼ることが多く、マニュアル化しにくいものです。「芯線が切れにくくても工具をこね回さない」などといった経験者の知恵やノウハウを若い人に伝えたいと思っても、データとして残す「場」がないのです。

口で説明しても、なかなか覚えられるものではありません。紙に書いて残せばいいけれど、「書く技術」がないとなかなか書けないものです。なんとか書き上げて文書として残せたとしても、いつの間にか棚の奥にしまわれて、肝心なときにどこにしまったかわからないということになります。その点、サイバーマニュアルなら、いつでも、どこでも、だれでも、必要なときに、画面をクリックすれば瞬間的に画面に表示されます。

◆ベテランの技術・ノウハウをサイバーマニュアルに取り込む

「知りたければ俺の仕事を見て盗め」というのが職人気質といわれています。その点、データの蓄積がスムーズに進んだかというと、書いて残すことの意義は理解できても、いざ書き出すとなると、皆ずいぶん苦労しました。この当時の私は口を開けば「書け！」「書け！」とみんなをせっついていたようです。

それからこの画面の「コメント」をクリックすると、だれでもコメントを書き込むことができるようになっています。

たとえば、「余長の目安はロ－ゼットの端まで届けば十分」と書いてありますが、ここの部分に関しては、もっと効率的にすませる方法があるかもしれません。そういったことを書き込めるようになっています。

また、この作業に熟知した人の場合、「モード」をクリックすれば、詳細な説明なしに手順だけを表示するとか、重要なポイントだけを表示させることもできます。

個人のもつ経験や知識、ノウハウをデータベース化するという発想は、現場作業だけでなくいろいろなところで応用できます。

団塊の世代が大量に定年を迎えることによって、各社とも知識や技術、あるいは熟練者のノウハウといったものが途絶えるということが問題になっていますが、当社の場合、その心配はまったくありません。間接的業務も含めた現場作業に関する蓄積はすでに五〇〇〇ドキュメントを超えています。

サイバーマニュアルを導入したときからスムーズに動き出したというわけではありません。ドキュメントの数が二〇〇〇くらいまでが大きな壁でした。しかし、いろいろなページがどんどんつくられるようになると、これはおもしろいじゃないか、けっこう役に立つじゃないかということになって、後は急カーブでドキュメント数やページ数が増えていきました。

◆新入社員を短期育成して即戦力にする

図表5－8は、得意先から入金があったときの処理の手順を示したものです。画面でもわかるように、検収明細書か支払通知書がある場合とない場合の作成手順が、具体的に説明さ

図表 5-8　新入社員でもわかる入金処理の手順

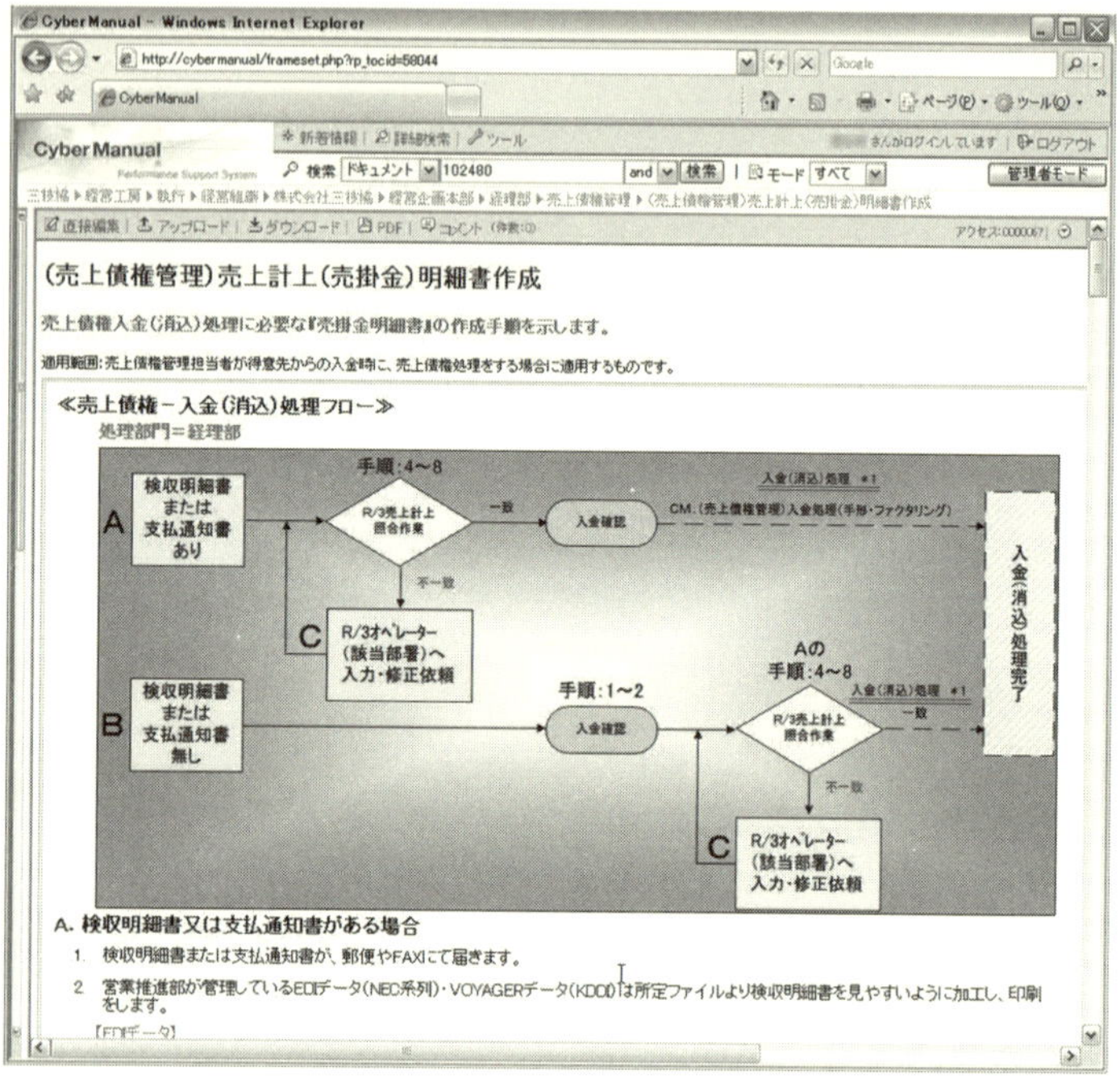

れています。これらの書類の届き方についても、「郵便で届く」「ＦＡＸで届く」など、かなりていねいな説明になっています。

みなさんの会社ではどのような処理をしているでしょうか。いちいちパソコンを開かなくても処理の仕方はわかっていると……。しかし、その担当者が病気か何かの理由で会社を休んだときはどうしますか。

新入社員にこの仕事をまかせるときはベテランが教えていると思います。メモ用紙を片手に、ここはこうなっていて、こうだからこうするという具合に教えていると思います。これに対して、いちいち手取り足取り教えなくてもいいのがサイバーマニュアルのメリットです。

当社の場合、経理部門については、一人の人間に決まった仕事をさせるのではなく、一定期間が来たら別の仕事をさせるようにローテーションを組んでいます。一人の担当者が休んだら仕事がストップすることがないようにするためです。

その際に、次の担当者に対して、注意事項があればコメントを書き込むことができるのが、サイバーマニュアルの特徴です。**図表５－８**の処理手順のなかに、「検収明細書または支払通知書が郵便やＦＡＸで届く」と書かれていたのは、次に担当する人への注意事項なのです。次に担当した社員は別の注意事項を書き込むかもしれません。

◆一万のドキュメントは常に「最新のマニュアル」

こうして、**図表5－8**は常に「最新のマニュアル」として利用されているわけです。約一万のドキュメントにはそれぞれ「改版記録」が記載してあります。「改版7」とあれば、このページは七回更新されていることになります。

一般的に、紙に印刷された規定集や業務マニュアルなどは、大幅な改訂がなければ刷り直すことはしないようです。そもそも社内規定や業務マニュアルなどは、しょっちゅう変更するものではないという固定観念があるためと思われます。

しかし、企業は生き物です。会社の憲法ともいえる「経営理念」でさえ、見直しをしなければならないほど変化の激しい時代です。この点、サイバーマニュアルにはコメント機能がありますから、情報の陳腐化を防ぎます。マニュアルの改版（書き換え）が極めて容易であること、そして常に最新の情報であること、この二点がサイバーマニュアルの大きな特徴です。

もう一つ、つけ加えるなら、サイバーマニュアルには「書き込み」の機能があり、「書く」ことによって、当社の社員は、常に問題意識をもつということが「習性」化されています。

図表5－8のケースのように、「検収明細書または支払通知書が郵便やＦＡＸで届く」など

といった注意事項は、どうすれば仕事がスムーズに進むか、効率化できるかといった問題意識がなければ書き込めないのです。常に最新の情報、改版を重ねるごとに、より役立つものになっている、だれでも自由に書き込みができる……サイバーマニュアルにはこうした機能があるのです。

◆社内用のシステムノウハウを外販する

一七年前、私が当社に入社以来行ってきた社員の「意識改革」へのいろいろな取り組みと、それを支える「PBT」「サイバーマニュアル」についてお話してきました。その結果生まれたのが、「オプティマイゼーション経営」という概念と枠組みです。私たちはこのオプティマイゼーション経営を当社以外の企業にも採用していただきたいと願うようになりました。

私たちはPBT手法やサイバーマニュアルという、当社自前の優れたナレッジ・マネジメント技術を創出し、運用してきました。従来の通信システム関連の業務遂行能力に加えて、これが当社のコア・コンピタンスとして育ってきているわけです。この新しいコア・コンピタンスを生かした新ビジネス開拓も成長への原動力になり得ます。

一つには、いま進めている社内業務のサイバーマニュアルをカスタマイズした商品化が考えられます。会社の業務には、業種を問わず、どこの会社でも基本的に同じものがあります。たとえば総務の仕事では、慣例や社会通念に長じたベテラン社員の知識・ノウハウが重要です。これが欠けると、社会的評判を落としたり法的問題を起こしたりする恐れがあります。

しかしその中身は、企業ごとにそれほど大きく異なるものではありません。それゆえ、総務業務をきちんとサイバーマニュアル化すれば、それを商品として顧客に提供することで、顧客の総務業務の低コスト化・高品質化に貢献できます。つまりは総務業務の「最適化」を商品にするわけです。ほかにも社内業務のサイバーマニュアル化で商品化できるものがあるでしょう。

サイバーマニュアルは稼動後五年間を経て、社員全員の努力と経験の蓄積により、社内手続きや日々の活動報告など、さまざまな企業活動のなかで日常的に利用される存在に成長してきました。このような仕組みとノウハウを社外にも紹介し展開していくなかで、すでに何社かの導入が実現しています。そのうちのいくつかを紹介したいと思います。

◆知識ではなく知恵を買ってもらう

一つめの事例として、フィールドエンジニアリングサービスのレベル向上に活用されてい

図表5-9　サイバーマニュアル導入事例その1

導入事例1：フィールドエンジニアリングサービスレベルの向上

【会社概要】

◆会社名	A社
◆創業	1924年
◆資本金	3.6億円
◆従業員	1,200名
◆売上高	324億円
◆事業概要	情報システムのトータルソリューション(開発〜運用保守)
◆上場／非上場	非上場

【導入目的】

◆地域の営業部門のコストセンターであったフィールドエンジニアサービス部門を全国横断的に統合してプロフィットセンターへの転換。

◆プロセスの改善とエンジニアの個々のスキル向上と地域横断的な業務の平準化を行なって、顧客へのトータルサービスの向上。

【適用内容】

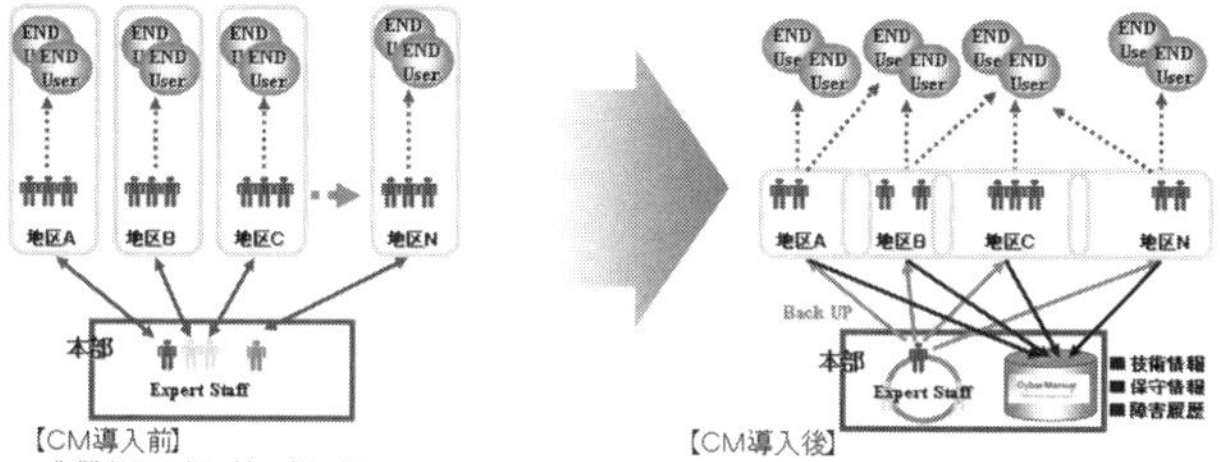

【CM導入前】
- 作業者のスキルが、バラバラ
- 業務の平準化がされていない
- スキルアップ教育が出来ない
- 担当の機器に属人化

【CM導入後】
- 最小の要員と共通スキルの実現
- 地域を越えた業務の平準化
- 作業の標準化と事例の参照
- 属人化の排除

るケースを紹介します（**図表5－9**）。創業一九二四年のA社は一二〇〇名の社員をかかえ、情報システムのトータルソリューションを事業としています。

この会社は、

- 作業者のスキルがばらばら
- 業務の標準化がされていない
- スキルアップ教育ができていない
- 担当の機器に属人化しがち

という問題をかかえていました。

A社は導入にあたって、次の二つの課題に取り組もうとしました。

- 地域の営業部門のコストセンターであったフィールドエンジニアリングサービス部門を全国横断的に統合してプロフィットセンターへ転換すること。
- プロセスの改善、各エンジニアのスキル向上、地域横断的な業務の標準化を行って顧客へのトータルサービスの向上をねらうこと。

サイバーマニュアルを導入した結果、次のようなことが実現できました。

- 最少の要員と共通スキルの実現
- 地域を超えた業務の標準化

●作業の標準化と事例の参照
●属人化の排除

二つめの事例として、B社の管理部門の業務改革を紹介します（**図表5－10**）。

B社は社員がグループ全体で三三二名、携帯電話などの組み込みソフトや、パソコン向けソフトウェアの開発・販売を行っています。同社は全社の情報共有についてのルールや管理体制がなく、複数のシステム上に情報が分散・重複しているため、正確な情報が社員に伝わっていないという問題をもっていました。

さらに、部門ごとに独自に蓄積されたナレッジが暗黙知化しており、全社的な視点での戦略的活用が進んでいませんでした。

今回のサイバーマニュアルの導入によって、次のようなことが実現できました。

●サイバーマニュアルへ情報の一元化
●情報活用の仕組みづくり
●社内コミュニケーションの活性化
●情報管理体制の定義
●情報共有・発信ルールの作成

図表 5-10　サイバーマニュアル導入事例その２

導入事例２：管理部門（ホワイトカラー）の業務改革

【1：会社概要】

◆会社名	B社
◆創業	1986年
◆資本金	132億円
◆従業員	184名(332名/連結)
◆売上高	4，700百万円(5，000百万円/連結)
◆事業概要	組込み及びパソコン向けソフトウェアの研究開発、及び販売。
◆上場／非上場	2003年上場

【2：導入目的】

◆人事・労務・経理などの管理部門は、原価センターとしてマネジメントが正常に機能しておらず、この立て直しに管理部門スタッフのモチベーションを高め、組織を立て直す切っ掛けとして、当社CMと、業務ツリーのコンテンツを雛形として導入することを検討したい

【3：適用内容】

全社共有情報についてのルール・管理体制がなく、複数システム上に情報が分散・重複しているため、正確な情報が社員に伝わっていない。

部門ごとに独自に蓄積されたナレッジが暗黙知化しており、全社的な視点での戦略的活用が進んでいない。

■「サイバーマニュアル」へ情報の一元化
■情報活用の仕組み構築
■社内コミュニケーションの活性化
■情報管理体制の定義
■情報共有・発信ルール作成

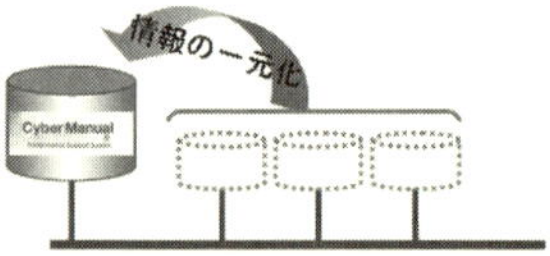

三つ目の事例は、当社がこれまで社内で育ててきたツリー構造とコンテンツをそのままサイバーマニュアルというシステムと一緒に購入したC社のケースです。社員数が三〇〇名で組み込みソフトの開発と販売を行い、急成長しているため社内規定や手続きが未整備でした。

そこで、当社のサイバーマニュアルにすでに格納されているコンテンツのなかから一〇〇〇件のコンテンツも合わせて導入頂きました。

最初に当社特有の営業情報、機密保持、コンプライアンスの観点からコンテンツを加工し、その上で先方の会社の人事、総務、経理、法務を担当する各部長の方々とプロジェクトを組み、納品するコンテンツを精査しました。

6章

オプティマイゼーション経営を支えるインセンティブ

◆企業が存続するには二つの条件がある

社員、株主など多くのステークホルダー（利害関係者）を擁する社会の公器としての企業には、永続性（企業存続）が求められます。

企業存続には、顧客の支持が欠かせません。顧客は購入する製品のＱＣＤＳ（Quality＝品質、Cost＝価格、Delivery＝納期、Service＝サービス）の持続的改善を求めます。

これは、労務費がコストのほとんどを占めるサービス事業も例外ではありません。たとえば、年々の人件費増を吸収していける価格低減策を有することが求められます。したがって、企業存続には次の二つの条件が必要となります。

- 競合に優るＱＣＤ改善能力の確立と維持
- 新規事業開拓能力

競合を打破してシェアを高めても、市場の総量（パイ）は有限ですから、いずれ事業は縮小に向かいます。次々と継続して新規事業を開拓していく。その能力をもつことが企業存続には欠かせません。

これら二つの条件を両立させる自律的な仕組みをもつ企業だけが、厳しい市場のなかで永

図表 6-1　三技協・経営のしくみ（SKOP）

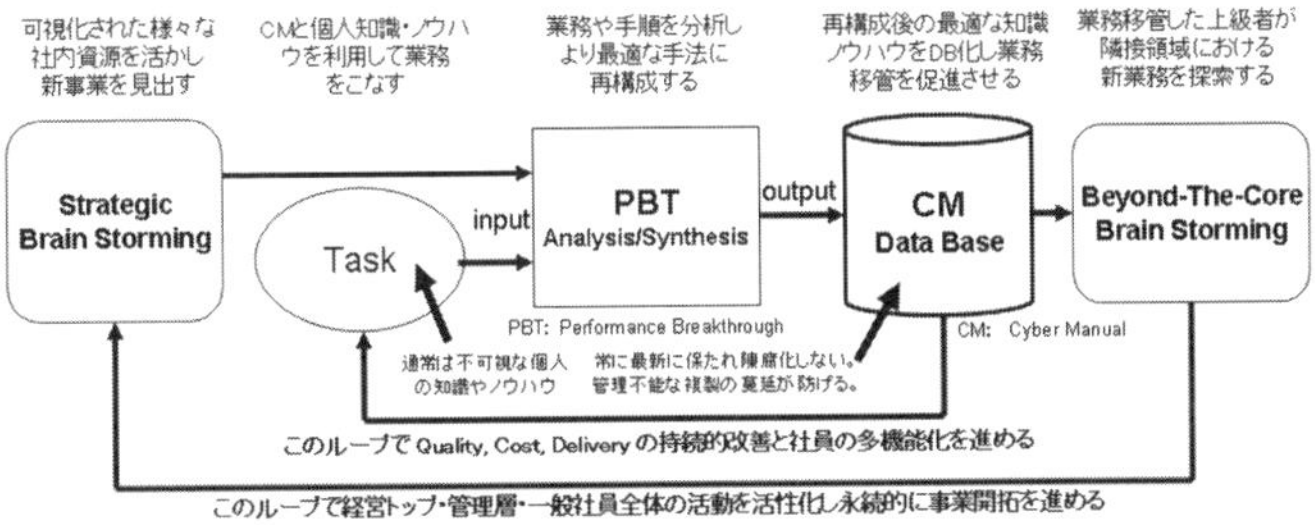
可視化された様々な
社内資源を活かし
新事業を見出す
CMと個人知識・ノウハウを利用して業務をこなす
業務や手順を分析しより最適な手法に再構成する
再構成後の最適な知識ノウハウをDB化し業務移管を促進させる
業務移管した上級者が隣接領域における新業務を探索する
Strategic Brain Storming
Task
input
PBT
Analysis/Synthesis
output
CM
Data Base
Beyond-The-Core Brain Storming
PBT: Performance Breakthrough
CM: Cyber Manual
通常は不可視な個人の知識やノウハウ
常に最新に保たれ陳腐化しない。管理不能な複製の蔓延が防げる。
このループで Quality, Cost, Delivery の持続的改善と社員の多機能化を進める
このループで経営トップ・管理層・一般社員全体の活動を活性化し永続的に事業開拓を進める

続していけるのです。

当社は専任の事業開拓部門をもたずに、日常活動のなかで前述の二つの条件を両立させていく自律的な仕組みをつくり上げ、運用しています。それが**図表6－1**に示す当社独自の企業運営の仕組みである「Sangikyo's Knowledge-based Optimization Platform」（ＳＫＯＰ）です。核はＰＢＴ（パフォーマンス・ブレークスルー）とナレッジデータベースとしてのサイバーマニュアルと呼ぶ業務改革手法です。

ベテランのもつノウハウや知識がＰＢＴ手法で分析され、オプティマイズ（最適化）された形に再構成され、再構成後の最適な知識・ノウハウがサイバーマニュアル化されます。この過程で品質改善や納期短縮も図られます。

また、新人がこのサイバーマニュアルを徹底学習して業務を遂行することで、品質の低下や工期の増加を招かずに、ベテランの業務を引き継ぐことができます。これを循環させることで、その業務にかかる労務費を永続的に低減していくことになります。

図中の内側のフィードバック・ループがその機能を示しています。新人に業務を移管したベテランは、自分が担当してきた業務の隣接領域で新業務を追求します。新業務の開拓により、自分の商品価値が向上します。隣接領域ゆえに経験が生きます。孤立無援の状態で新業務開拓のアイデア創出を強いるわけではありません。

マネジメントも、ベテランのアイデアに付加価値をつける、あるいは隣接領域を超える、より広い範囲からアイデアを創出し、それを関係者が結集してＰＢＴ活動で磨き上げます。図中の外側のフィードバック・ループがその機能を果たします。

このように、内側のループで企業存続の一つめの条件を、外側のループで企業存続の二つめの条件を満たす活動を日々行うことで、雇用を維持し、会社の永続を図っていくことができます。これが当社のエンジンであり、経営のプラットホームです。

◆付加価値提供型の逆三角形事業構造へ転換する

私は〇二年の初頭から、「逆三角形事業構造への転換」という表現で、当社の事業構造を市場規模が減少しつつあるインフラ構築支援から、高付加価値が期待できるアプリケーション（ソフトやソリューション）主体へ変えていこう、と主張し続けてきました（**図表6－2**）。当社が生き残っていくためには、これは必須だったからです。その変革において、品質やインフラ整備のサービスで顧客から高い評価を得ている当社の良さを失わないようにすることも、また必要なことです。

その動きを一気に加速させるべく、〇四年の秋、正式に「The Optimization Company」

を標榜して、他社との優位性を明確に図るように努力をしてきました。

オプティマイゼーションは、モバイル通信システムの接続品質を保証するためのサービスとして、事業の一部として従来からやってきたことですが、「The Optimization Company」にはもっと広範な意味をもたせています。

既存の通信システムに関するビジネスについては、周辺へのコア拡大策として、すでに三つの施策を打ち出し、そのための組織体制を発足させました。

●ＳＳプロジェクト……堅固な情報セキュリティシステムであるPlatform Vを切り口に、ユビキタスＩＴ環境・設計・構築ビジネスを当社のコアに育てる組織。
●ＩＰプロジェクト……世の中が急速にＩＰ化にシフトしていくなかで、ＩＰネットワーク構築力を謳い文句に、新規ビジネスを果敢に取り込むためのＩＰ技術に強いビジネス開拓部隊。
●新設の技術開発室……センサー・ネットワークに関する技術力を迅速に蓄積し、センサー・ネットワークのシステム・インテグレーション能力を確立し、今後ビジネス機会が増えると期待されるセンサー・ネットワーク設計・構築ビジネスの開拓準備をするための組織。

これら三施策を成功に導くことによって、当社の事業構造は、インフラ構築作業主体の三

図表 6-2 知識による付加価値提供型事業構造

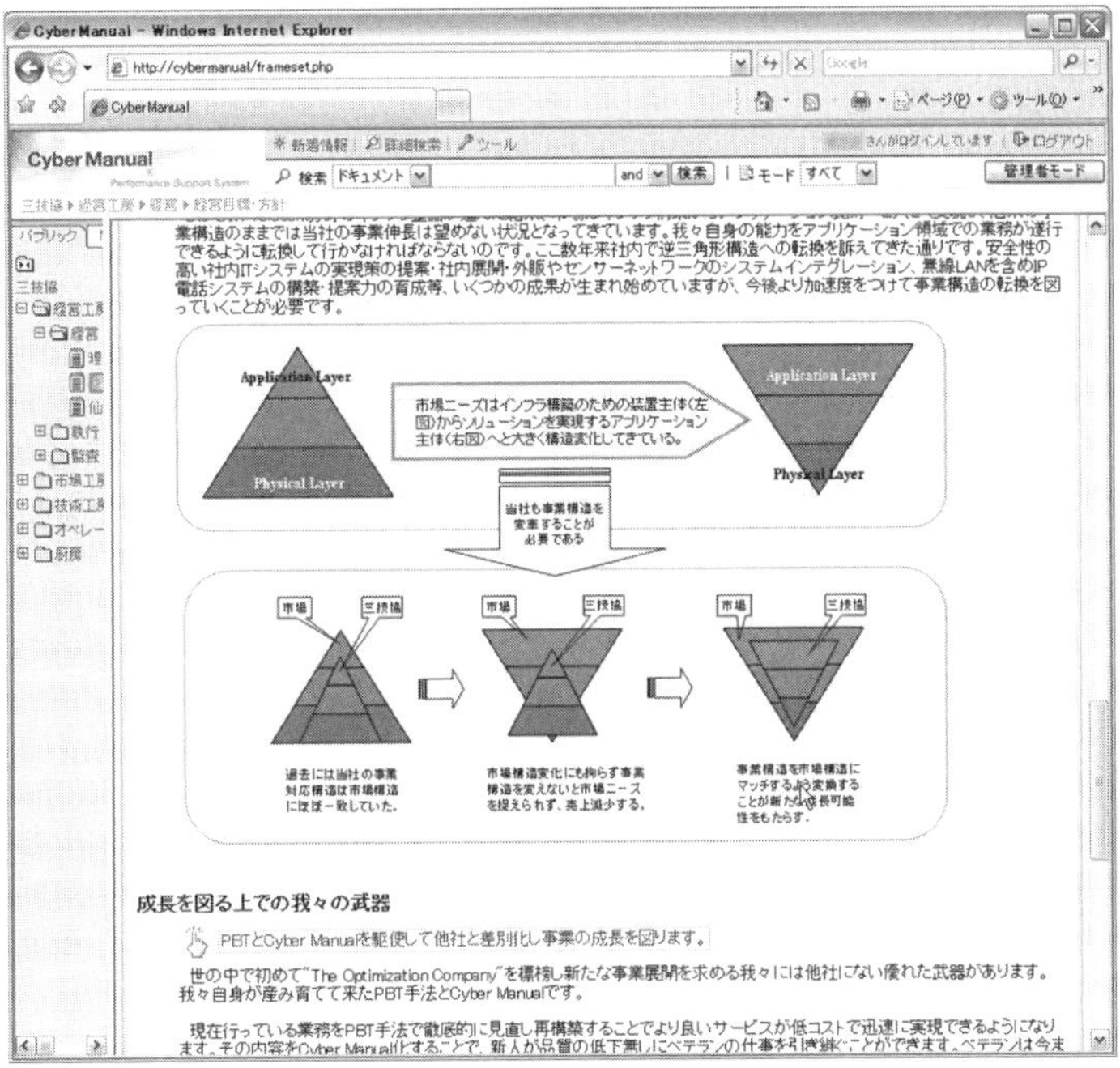

角形から、知識による付加価値提供型の逆三角形構造に向けて、大きく変革していくことになります。

◆オプティマイゼーション・コンサルティング・サービス

逆三角形事業構造に向けての胎動は、これだけではありません。当社はこれまでに既存のコア・ビジネスをより効率的に遂行する目的で、PBT手法やサイバーマニュアルというナレッジ・マネジメント技術を創出し、運用してきました。従来の通信システム関連の業務遂行能力に加え、これがコア・コンピタンスとして育ってきているわけです。

さらには、PBTで業務を分解し、知識・ノウハウをサイバーマニュアル化するプロセス全体を商品化することもできるはずです。

これは「オプティマイゼーション・コンサルティング・サービス」です。これにはシステムの販売と保守も付随します。対象顧客は必ずしも従来のIT／テレコム分野に限りません。社内で培ってきた最適化という、コア・コンピタンスをもとにした事業拡大、コア事業の周辺への拡大にほかなりません。

既存のコア事業についても、顧客が自ら実行するよりも当社に頼むほうが、品質・コスト・

納期を総合的に勘案して有利であるとの判断があるからこそ、このビジネスが成り立ってきたのです。

これは顧客の業務の最適化に貢献しているということです。つまり、当社が行ってきたこと、これから強化しようとしていること、すべてが顧客の業務の最適化を行うためのサービスであるといえます。そのような事実と自信のもとに、当社は「Sangikyo-The Optimization Company」を名乗ることにしました

当社は、通信インフラ構築のための工事・現調から事業をスタートしましたが、コアを徐々に上方に成長させ、いまや最上流である知識産業の一角でリーディング・カンパニーの地位をねらえるところまで来ました。

社員に求める具体的な行動としては、過去、現在、未来の業務をPBTによって分解し、サイバーマニュアル化する努力を継続していくことに加えて、そのサイバーマニュアルの活用と絶え間ない見直しをしつつ、リニューアルし、フレッシュな状態を常に保つことです。

その際、お客様の視点に立ち、お客様が使ってくださる内容のものかどうかを問いかけながらPBTを実施し、関連するサイバーマニュアルのリニューアルをくり返すことです。これが結果的に、市場構造の変化に対応した当社の事業構造の変革につながると思います。

さらにお客様に対し、ビジネス（経営）、業務、作業に対して最適化を図るためのPBT

実施の提案をどんどん行うことです。その数が多いほど、ビジネスチャンスが増えることは間違いありません。

◆ほかでは考えられないことが日常茶飯事となっている理由

ところで、利益三五倍増のうち、二〇～四〇パーセントはPBTとサイバーマニュアル効果だと、本書のまえがきで申し上げましたが、何が社員のインセンティブになったか、なぜ高いモチベーションを持続できたかです。

何度も申し上げるように、PBTは問題解決処理のための発想法であり、これをだれでも利用できるように練り上げたものですが、社員の側に問題意識や意欲がなければ成果は得られません。サイバーマニュアルにしても活用しようという意欲がなければ「ただの箱」です。サイバーマニュアルのドキュメント数は一万件に達しています。ページに換算すれば膨大な量になりますが、これらはすべて一人ひとりの社員が書き込んだと前述しましたが、スムーズにコトが運んだわけではありません。一万件のドキュメントを書き込むのに五年もかかっているのです。

ベテラン技術者が、一〇年二〇年かけて身につけた知識やノウハウを、サイバーマニュアルで公開するのです。「端子が壊れやすいので、圧縮工具はできるだけ端子に対して垂直に使用する」などという長年の経験から知った「自分だけのノウハウ」は、それこそ「俺から盗め」というのが、技術屋の世界です。それを惜しげもなく公開するのです。

また、ＰＢＴによって得られた成果（失敗も含めて）をサイバーマニュアルに書き込むという作業は、並大抵のものではありません。受注拡大対策のためのＰＢＴであれば、当社が受注量を増やすことがお客様にとってどんなメリットがあるのかを説得しなければなりません。テーマを決めて何度も話し合い、説得材料を作成し、お客様に面談し……結論が出るまでの一連の経緯をサイバーマニュアルに書き込むのは、そう簡単なことではないのです。

サイバーマニュアルに関わるのは現場の技術者だけではありません。本社の管理スタッフも業務の効率化のためにさまざまな形でサイバーマニュアルにかかわってきました。当社では、一定期間ごとにローテーションを組んでいますが、事務引き継ぎのための打ち合わせはほとんど必要としていません。サイバーマニュアルを見れば、初めてその業務に携わる人間でもわかるからです。

よそ様の会社ではとても考えられないことが、当社では日常茶飯事となっています。

◆人事制度・業績評価制度がインセンティブになった

当社では、なぜこれが可能になったのか。何がインセンティブになったのかご説明します。インセンティブが与えられなければ、社員のやる気は引き出せませんが、当社の場合、PBT活動とサイバーマニュアルの推進が、最大のインセンティブ獲得のチャンスになっています。というのも、当社の人事制度と業績評価制度は、いずれもPBTとサイバーマニュアルへの関わりが大きく影響する、という仕組みになっているからです。

まず評価は二八のスキルをベースにしたコンピテンシー（行動）評価と、年二回実施される個人業績評価により行われます。

コンピテンシー評価は、「サイバーマニュアル構築」および「PBTによる分析、問題発見、問題解決」などの評価項目が設定されています。

図表6−3にみられるとおり、この人事評価はPBTやサイバーマニュアルへの関わり方によって、評価点は大きく左右されます。

「スキルベースドコンピテンシー構成」（図表6−3）のなかの「コンセプチャルスキル」の六項目については、「PBT（分析的思考）能力」「PBT2（問題発見）能力」「PBT3（問

図表 6-3　28 のスキルによるコンピテンシー（行動）評価

2-2.新グレードの決定

◆新ｸﾞﾚｰﾄﾞは、次のように決定されます。

スキルベースドコンピテンシー構成

	パーソナリティ	オペレーショナルスキル	ヒューマンスキル	コンセプチャルスキル
1	理解力	専門知識・技能	コンプライアンス	PBT（分析的思考）能力
2	責任性	言語リテラシー	コミュニケーション力	PBT2（問題発見）能力
3	持続性	情報志向性	チームワーク力	PBT3（問題解決）能力
4	自発性	ＩＴリテラシー	人材育成力	発想着想力
5	柔軟性	CN構築力	リーダーシップ	概念化力
6	協調性	プレゼンテーション力	対人関係構築力	戦略志向性
7	積極性	顧客志向性		
8		プロセスマネジメント		
9		財務志向性		

↓

発揮されたコンピテンシー

↓

ポイント取得・推薦・昇格試験

↓

グレード決定

題解決）能力」「発想着想力」「概念化力」「戦略志向性」など、ずばりＰＢＴ活動にどんな関わり方をしたかが評価対象になっているほどです。

他の「オペレーショナルスキル」「ヒューマンスキル」にも、「コミュニケーション力」や「チームワーク力」など、ＰＢＴやサイバーマニュアルへの関わり度合いを評価する項目が入っています。

一方、個人業績評価では、**図表6－4**に見られるとおり「ＰＢＴ手法を用いて、顧客業務の分析と新たな提案を明示した」という評価項目に対して、「率先垂範して積極的に行動した」という場合は「プラス７」、「消極的で何もしなかった」は「マイナス３」となり、その差は10ポイント開きます。

「顧客関係、業務改革、作業改善のために、サイバーマニュアルの改版（書き込み）に積極的に取り組み、成果を上げた」という評価項目に対して、「率先垂範して積極的に行動した」という場合は「プラス５」、「消極的で何もしなかった」は「マイナス３」となります。

このように当社では、ＰＢＴ活動とサイバーマニュアルに積極的に関わりをもつと評価点が高くなるプラス思考の仕組みになっているのです。

むろん、インセンティブは報酬や人事評価ばかりではありません。資格取得促進、決裁裁量権限付与、各種表彰制度など制度面でのパックアップのほか、経営情報の公開、自分の業

図表 6-4　PBT とサイバーマニュアルへの関与が評価される

4-3. 個人業績評価②行動評価

◆経営方針への関与度を四半期ごとに以下の評価テーブルで評価し、貢献度評価に加減算します。

	評価行動	率先垂範し積極的に行なった		顕著に行なった		行なった		意志のみで行なわなかった		消極的で行なわなかった	
	グレード区分⇒	PG E-D	PG C-A	PG E-D	PG C-A	PG E-D	PG C-A	PG E-D	PG C-A	PG E-D	PG C-A
1	PBT(パフォーマンスブレイクスルー)手法を用い、顧客業務の分解と新たな提案領域の明示を行い、その改善のため課題を設定し解決に向かって具体的な提案行動に取り組み提案件数を増大した。PGD-Eではこれらに準じた行動をとっている。　(PBT)	7	5	5	3	3	0	0	−1	−1	−3
2	CM(サイバーマニュアル)による顧客および社内各組織の業務改善度合いを高めるために、その企画・整備・作成・改版・活用を社内・外に対し実行し具体的な成果に繋げた。　(CM)	5		3		0		−1		−3	
3	"The Optimization Company"の経営方針を理解し、自らが「最適化」のための具体的な提案や指導を行うとともに行動が伴っている。また社内各種委員会への参加・活動を行っている。(自立・自発性)	7	5	5	3	3	0	0	−1	−1	−3
4	顧客業務と当社のSOW(業務範囲)及びその詳細について情報の共有化に努力し、広範囲な顧客業務の受注範囲(中長)に傾注している。　(プロアクティブ)	7	5	5	3	3	0	0	−1	−1	−3
5	事業計画に基づく組織・各自の課題を理解し(PGD-E)／または部門内に周知・指導し(PGA～C)、自らの能力を最大限に発揮して、受注・売上・利益、業務改善に貢献する行動が多々うかがえた。　(事業計画遂行責任)	5		3		0		−1		−3	

績の可視化、PBT・サイバーマニュアルの活用など、社員のモチベーションが自然に上がってくる自発的・相互作用的動機づけが実現できていることもつけ加えておきます。

◆仕事を通して社員が成長する仕組みがモチベーションになる

インセンティブはあくまでも外的要因であり、「達成したらその分の報酬を」という考え方は一時的な満足感にしかならないものです。高い報酬を出せば社員が一生懸命働くというのであれば、こんな楽なことはありません。人間の心はカネでは動かないことは、フルコミッションセールスの世界の定着率の悪さを見ればすぐにわかることです。

インセンティブとしての人事・業績評価や目標管理制度の導入の一方で、モチベーションをどう高め、それをどう持続させるかが問題です。

モチベーションとは内なるもの、自分のなかに存在する動機です。基本的には、本人のモチベーションは他人が変えられるものではありません。

いわゆる「動機づけ」は、仕事そのもののなかにあります。仕事を通して個人が成長し、それが組織の進展を支えるものでなければなりません。

インセンティブとしての金銭的な報酬や制度は、不満足の原因にはなっても、満足の原因にはなりえないのです。つまり、いくら報酬を上げても、仕事が本人の成長や充実につながらなければ満足は得られません。

当社でいえば、人事・業績評価制度や目標管理制度は個人のなりたい姿に向かって成長を助ける仕組みになっています。そして、サイバーマニュアルはコミュニケーション、つまり情報の流れを促進させる機能を社員に漏れなく提供しています。

情報の伝達がなければ、個人は孤立し成長の機会が失われます。情報が縦横に飛びかうことの意味は、組織の壁や階層の壁を越えていきます。そして自分を中心としたコミュニティを築くことが可能になります。それは、自己実現を高度になしとげられる機会や場ができることになります。

PBTは分解すること、考えることであり、仕事をしていく上での自分の道具になり、仕事でより高度な成果を生むことになります。

このように当社のなかでは、制度が安定的に社員の成長基盤になり、情報の流れが創造開発の場や機会を提供して仕事が充実し、個人の成長を助ける循環ができている、あるいはできつつあるといっていいかもしれません。

もちろん、企業の成長は社員の努力がすべてではありません。企業を取り巻く環境も大きな要素です。またコア技術は企業成長の重大要因です。

経営者として確信をもっていえることは、企業の価値の源泉は社員だということです。顧客の全面に立つ社員一人ひとりが価値の源泉です。システムでも制度でもありません。社員が企業の価値をつくりだすのです。当社はそのような会社です。

7章

やればできる!

◆改革で収益よりも収益力を高める

私がこの事業に携わってから一七年がたちましたが、当社はその間に、どのように変わったのか振り返ってみます。

当時、達成したいと思ったことは、ほぼ実現しています。強くはないけれどもアイデンティティを確立してきたし、独自に開発した商品もできました。ハードの仕事だけではなく、システム系やソフト系の仕事も出てきました。

それから、なんといっても優良なお客様が増えてきて、下請けの場合もあれば、元請けで仕事をする、あるいはプロジェクトマネジメントをする場合もあります。お客様の経営改革のお手伝いをする仕事も出てきました。当時、夢に描いていたことはほぼ実現しつつあります。

〇六年は当社にとってたいへん意義のある年でした。独立行政法人である情報処理推進機構が主催し、経済産業省が後援している「ＩＴ経営百選」の最優秀企業の一社に選ばれたのです。

中小企業のＩＴ化を促進させることがその目的ですが、単にＩＴ機器やシステムが充実しているだけではなく、経営と直接的に結びつくかたちで活用し、実績を上げている企業を選び、表彰の対象としています。

当社はいろいろな調査項目のなかの「経営のオープン化」や「満足度経営」で、とりわけ高い評価を受けました。しかし、受賞のポイントは既存のITシステムではなく、自分たちでつくり込んだ「サイバーマニュアル」というシステムを自分たちの最適化に合わせて、さらに進化させている点が評価されたのだと思います。

○六年には、当社の事業の中核である三つの柱が完全に確立できました。その三つの柱とは、次のとおりです。

●モバイル営業本部
●ブロードバンド営業本部
●ITシステム営業本部

これら三つの柱は、ばらばらではなくて連携効果を発揮しながら、ある事業を評価するとほかのところもよくなり、また別なところを一生懸命やると全体が強くなっています。

三つの事業が揃うと売上げも伸び、利益も上がります。しかも、収益以上に得られるものが非常に多くなってきました。昨年に比べると、全体的に収穫が増える年になってきたと実感しています。

具体的には、お客様との関係についても、従来よりずっと距離が短くなり、お客様のなかに入りこんでお客様の立場でサービスを考える能力がついてきました。その過程で入ってくる情報も、蓄積される知識も、社内の連携態勢も、すべて収穫といえます。ビジネスはチームで動いて、全体的にはハイパフォーマンスになっています。

昨年から「オプティマイゼーション・ビジネス」が立ち上がって、当社の「ＰＢＴ」「サイバーマニュアル」のサービスが欲しいと希望するお客様が出てきて、そういう方々の期待にも応えられるようになりました。

いまから十数年前には、いつかはコンサルティング能力のある会社になりたいとみんなで声をかけ合っていましたが、それも実現されつつあります。当時には考えもつかなかったことです。また、独自の製品を販売する会社になりたいとも語り合ったものです。それが実現してきた今、夢は描いてみるものだとつくづく思います。

◆企業は生態系経営でないと成長しない

当社のロゴはフレッシュ・グリーンの「ｓａｎｇｉｋｙｏ ＳＹＭＢＯＬ」です（本書カバー袖参照）。グリーンは生態系（エコシステム）の色でもあります。私は企業というものは生態系そのものだと思っています。生態系とは、ある一定の区域に存在する生物と、それを取り巻く生物学的環境をいいます。

企業も、経営を引っぱっていく経営陣と、それに助言を与える社外役員、監査役、そしてプロパーとして何十年も苦労してきてくれた人、中間管理職そして一般社員が存在し、それやこれや全部が一緒に育つために欠かせない要因です。

一人ひとりがそれなりに役割をはたしているなかで、相互に作用し合いながら、うまい具合に分散し均衡した生態系をつくってきました。そのなかで各人が信頼できる存在として成り立っています。

組織そのものも育成されていかなければなりませんが、単純にタテ割りにした組織だけを考えると、どうもどこかで整合しないものです。しかし、物事を自然界によくある生態系としてとらえると、たくさんのことが最適に整合された解釈ができます。

どうしたら元気な生態系をつくることができるのか。森でも林でも木でも、元気がある生態系には、風通しがよいとか日当たりがよいとかいう環境があります。しかし、日当たりがよいのが絶対条件かというとそうではなく、日陰で育つものもあります。腐ってしまうものもありますが、それを簡単に捨てないで、腐らせてまずいものは除去するという判断をすると、たいへん元気のよい生態系が維持できます。

人間の体でも同じことがいえそうです。やはりきれいな水を飲んで、きれいな水で調理した食事をして、新鮮なものを食べて、十分に休養をとって、適度な運動をしていると元気な肉体がつくられるのではないでしょうか。

このように考えると、元気というのは身体の生態系もそうですし、自然の生態系もそうですが、なんでもかんでも排除しないで大事にすることが肝要です。あってはいけないものがあったとしたら、最適なところに置くようにしてあげれば、すごく元気な生態系が保てるかもしれません。

会社でも常にそういうように管理をすることです。手を当てて、手を加えて、日を当てるだけでなく、日陰になっているところも大事。また涼しくて快適なところも必要です。

このように、私たちは会社の仕組みを、組織といわずに生態系と考えて取り組んできました。そのようなことをバランスよく見きわめていくことが大切ですが、それは私一人だけでできるわけではありません。お互いが意思決定の構造、執行のルール、牽制のありかたというものを注意深く積極的に運用していくと、よい生態系を保つことができます。

そうすると元気な会社になります。しかし一年や二年ではそうはなりません。振り返ってみると、そのような心がけによって会社というのは元気が出るものだと実感しています。

◆全社情報公開は定性的・定量的効果をもたらす

私は長い間、当社を何でも見えるような会社にしたい、そしてだれにでもわかる言葉で説明できる会社にしたい、そういう文化の会社にしたいと考えてきました。そしてその概念のなかで何度もトライアンドエラーをくり返してきました。

ここ一、二年の間で、何でも見える状態にすることとは、それを最適な状態にすることだということに思い至りました。何が最適かを見出すことが重要で、最適なものが見えてきたら、それが私たちの目標になることだと考えるようになりました。それによって社員一人ひとりの目標管理が明確になり、目標管理という言葉だけではなく、実現に近づくようになってきました。

お客様とのやりとりのなかでも、相手にとっても、私たちにとっても、全体にとっても、常に何が最適かを考える、別のいい方をすると、「部分最適」と「全体最適」をいつも追いながら進めていくと、最適な結論に近づいていきます。

ＰＢＴは、それを見出すための議論を進めていくときの分析・統合手法です。いまでは社内のあらゆる部署で日常茶飯事に行われるようになってきました。

ＰＢＴとはプロセス分析であり、問題解決をする思考の道具ですが、その本質は「考え」を明確にすることです。それは「考え」と「仕事」を分解し、分析することです。「考え」とは、意思決定や判断をする前提を描き明確に具体化することです。突き詰めていくと原理原則となり、判断基準の元になります。ビジョンであり、構想、理念、こだわり、信条、そして価値観が行動や判断の基準となります。そして「ありたい姿」でもあるのです。

企業の日常を考えてみると、社員個々には決められた仕事があり、日常はその仕事をして成果をだしていきます。その、「する仕事」には決められた手順があり、出すべき結果も明確です。

もちろん顧客や仕事によっては、企業も個人も経験知が働かない仕事もでてきます。そんな場合であっても、仕事としてかかる段になったときには、手順を決めて出すべき成果を決めてとりかかります。

問題が発生した場合も同様です。「する仕事」があることの意味は、実は会社をつくり、企業目的や理念やビジョン、そしてその年度の目標があり、それを実現するために、その「する仕事」があるということになります。したがって、その「する仕事」の価値判断はいわゆる「考え」に基づいて行われております。

考えが明確であれば、間違いは起こりません。そうでなければ利益を出すために、なんでも「する仕事」になってしまいます。だから考えを「バラし」、その原理原則に沿った行動ができなければ企業人として一人前とはいえません。

組織のなかで実現する仕事、つまり事業とは、ビジネス、業務、作業の三つの領域になります。

ビジネスとは、市場での立場、顧客との関係――どうしたら儲かるかといったことで、戦略上の課題です。業務とは普遍的な存在で「企画・設計・製造・工事・エンジニアリング」または「管理・マネジメント」といった次元ですが、いずれも障害事項を明確に突き止めることが肝心です。

作業とは、スキル、道具、材料、人手に関することで、ボトルネックを見極めることで最適な状態をつくれます。個々の社員が仕事を「バラす」のです。そうすると「考え方」がわかり仕事がわかります。それは、パフォーマンスを上げることにほかなりません。「バラす」能力があるかないかもわかってきます。

PBTをすることで、多くの社員が「考え方の整理」をすることになりました。PBTがなければ、「あるべき姿」を描くとか、「なぜ」を考える苦労から遠ざかることになり、そのままの人生や日々を送ることになります。「ダサいままの自分」を許す生き方に甘んじてしまいます。

社員は、このあたりの気脈を無意識に理解したのだと思います。だから「書き込みが嫌なら仕事しなくてもいいよ」という私の発言にハッとしたのでしょう。「仕事をしなければ成果が出ず、給料に響くから」だけではなかったのです。

サイバーマニュアルの作成やコメントの書き込みは、必ずしもスムーズには推移しません。しかし、経営サイドからの腕力と圧力だけでは、ここまでの増殖現象は得られなかったでしょう。

自分をさらけ出すことを不本意とする社員は辞めていきました。しかし数えるほどしかいませんでした。自分を表現することは、時としてだれにも苦痛ですが、明日の自分につながることは確かです。

「考え方」の整理がついたら、あとは「携わっているビジネス」「自分たちの役目」「眼の前の作業」を分解することは、従来より楽になったと思います。

●どうしたらより利益が出るか、競合他社に勝てるか、お客様に気に入られるか……といったビジネスの戦略課題も、経営層からのアドバイスを待たずに浮き彫りになってきた。

●業務を再認識したことで、何が障害事項か、打ち合わせを通じて洗い出された。

●「道具が正しく使われている、使われていない」「人数が足りる、足りない」「材料の手配が……」「スキルが……」という作業上の問題が、分解することでわかるようになった。

●上からいわれなくてもサッとやるようになり、間違っていたらすぐに気がついて正しい選択をするようになった。

このような判断能力は、いずれも他愛のないレベルのことですが、全社的に向上すると大変な利益貢献をするので、みんなの無意識な喜びになりました。

「サイバーマニュアル」のプロセスでは、さまざまな業務や手順を分析し、最適な手法に再構築します。そして再構築後の最適な知識・ノウハウをサイバーマニュアルのなかにデータベース化し、業務移管を促進します。こうした一連の流れをトータルして、私たちは「オプティマイゼーション経営」と呼んでいます。

このような仕組みが定着してくると、社内の情報共有化が進み、組織の上下左右間の見通しが大きく改善されます。

オプティマイゼーション経営は、こうした「定性的効果」に加え、目に見える「定量的効果」も上げています。導入前の二〇〇〇年に本社の管理要員は四四人でしたが、導入後の〇六年では三三人に減っています、月次業績報告日数を同じ年度で比較すると、単独三日・連結二週間以上から、単独一日・連結五日までに短縮されました。同時点の一人当たり連結営業利益を比較すると、三五〇〇パーセントまでに増大しています。

◆会社の戦略性はビヨンド・ザ・コア精神から生まれる

会社は戦略志向で経営されなければなりません。その点を社外取締役のロナルド・モース教授と監査役の大塚さんには会社中で多大に指導・誘導していただいています。

モースさんはアメリカ国務省、国防省などに勤務し、日本の文化、政治、経済を長い間研究してきた方です。九八年から当社の社外取締役になっていただいていますが、当時は麗澤大学国際経済学部の教授でした。どうすれば戦略志向になれるかということで「シナリオ・プランニング」という手法を指導してくれました。

シナリオとは、未来に起こりうる複数の姿を考えることで、単なる予測ではありません。七三年の第一次オイルショックのとき、シェル石油がこの手法の活用で危機を乗り越えたことで知られています。変化を引き起こす可能性のある要因をドライビング・フォースとして特定し、その影響について考えるものです。

九九年の夏、幹部社員が二日間にわたってブレーン・ストーミングを行い、シナリオを書く能力を養いました。これが毎年夏に開かれる恒例のブレーン・ストーミングのスタートとなりました。

いまではブレーン・ストーミングを行い、シナリオについて考え、それを記述し、中期計画に反映するということが、私の習慣になっています。

○四年のブレーン・ストーミングでは『ビヨンド・ザ・コア』（Beyond the Core）というビジネス書を教材にして、当社がどのように隣接領域にビジネスを拡大していくかを幹部が議論しました。

一般に多くの会社では、自社のコア・コンピタンスを見きわめるところまではやっても、そこで終わってしまうことが多いと思います。

我々のブレーンストーミングではコアとは何かを徹底的に分析します。本業は何なのか、三技協という会社が得意とするジャンル・技術は何かを突き詰めて考えていくと、自然と本業の周辺領域が見えてくるのです（**図表7―1**）。

本業の周辺領域であれば技術も応用できるし、かりに失敗したとしても被害は最小限にくい止めることができます。鉄鋼会社がうなぎの養殖に手を出すようなリスクは避けられるのです。我々のような規模の企業が本業とかけ離れたジャンルに手を出せば、コアそのものがなくなってしまう恐れがあるのです。

ビヨンド・ザ・コア精神というのは、私たちの経営理念を強烈に変えたと思っています。○四年のブレーン・ストーミングのときに、ビヨンド・ザ・コアの考えを発展させ、当社は「オ

図表 7-1　隣接領域にビジネスを拡大する

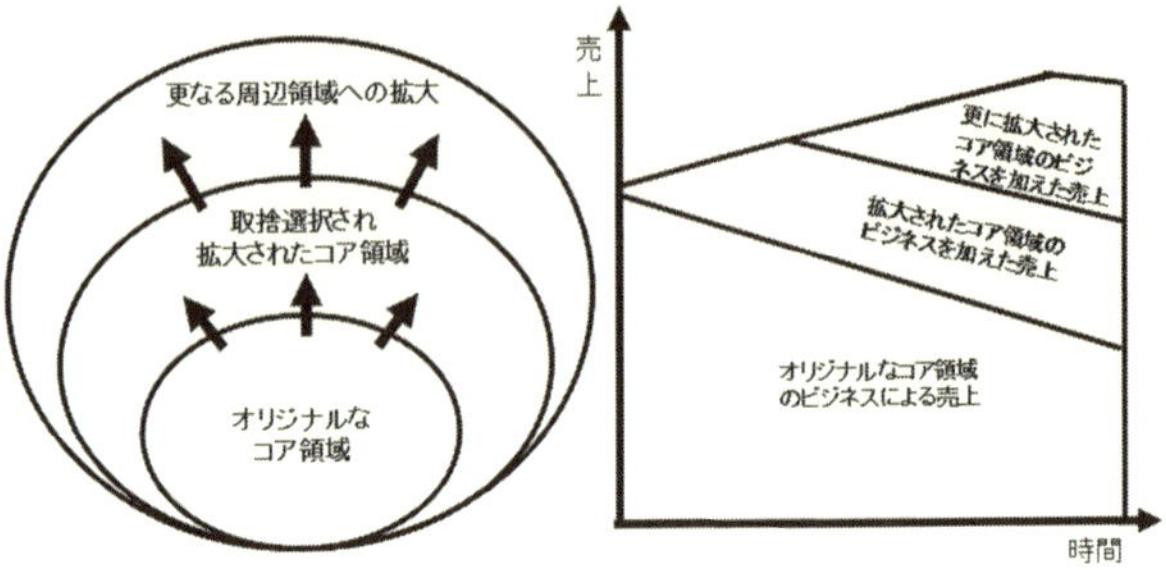

プティマイゼーション・カンパニー」になろうと宣言しました。そのときは会社の人たちは唖然としていましたが、いまではすっかり定着してきて、会社の隅々まで浸透した理念になっています。

◆小さなナレッジの蓄積がイノベーションを起こす

オプティマイゼーション経営と、組織のなかの知識・ナレッジはどのように絡み合ってくるのでしょうか。ここでナレッジと経営について、少し触れてみたいと思います。

知識というのは、移転して共有されて蓄積されると、もう少し大きな知識になるということです。

そして、その大きくなった知識をまた移転して、共有して、蓄積されると、サイクルがどんどん渦を巻き、普通のスパイラルではなく、大きくなるように回転し、その回転がどこかでイノベーションを起こすというイメージがよく唱えられています。

私たちがいうイノベーションとは、世間があっと驚くようなものではなく、日常こんなことができたと小さく喜ぶような工夫です。

私は、工夫も小さい意味でのイノベーションだと思っています。お客様がいったことをきちんと表現することも知識の移転といえます。またベテランの人がやっているノウハウも重要です。それを後輩の人に教えると、これは知識の移転です。

サイバーマニュアルは「知識移転の場」、あるいは「知識共有の場」です。そして蓄積のデータベースというとデータになってしまいますが、知識を蓄積する場です。この場のなかで知識の移転、共有、蓄積のスパイラルが起きているわけです。

もともとは現場で働く人のノウハウを、その人だけのものにしないでみんなに披露する、それをウェブ上で紹介する、ということをやってみたのですが、その人が自分のノウハウをかかえ込むとか秘密にするということではなく、ノウハウというのはなかなか口に出しにくいものなのです。

サイバーマニュアルを使うようになってから、それが出せるようになったことが、私たちにとって最大の喜びです。一〇〇パーセントかどうかはわからないけれど、九五パーセントは出るようになりました。

なぜかといえば、九五パーセントはだれでもできることだからです。その人にしかできないことが五パーセント残るわけですが、しかしその五パーセントのなかの九五パーセントはだれでもできるようになるものです。

知識の移転、共有、蓄積ということをくり返していくと、ナレッジが出てくるようになります。そうこうするうちに、その技術はいらなくなる時代が来るものです。

そうすると、また別の技術が必要になってくる。その技術のうちの九五パーセントはまた出てきます。その残りの五パーセントのなかの九五パーセントはまた出てきます。またそのうちにその技術はいらなくなるのです。

これをくり返していくうちに、以前の経験が、このなかでずっと生き続けるということもあります。そこで工夫が発生するわけです。

◆全社員の「やればできる」精神で会社は全速前進する

当社は、自社でPBTという分析・統合の手法を確立し、そこで最適化された知識・ノウハウをサイバーマニュアルというITシステムを使って促進させてきました。それによって筋肉質の組織をつくり上げることができました。

では、その仕組みは他の会社でも活用し、役立てることができるのだろうか、という疑問をもたれると思います。

よくいわれることですが、外部のコンサルタント会社がやってきて現状を調べ分析する。そしてその処方箋を渡しては帰っていく。

しかし、そこには知恵は残らないはずです。それから、たとえばトヨタ自動車では、ナレッジマネジメントなどといわなくても、製造の工程でたえず改善を行い、それが文化になっています。しかし、その改善策だけを他の会社にもっていこうと思っても、根づかせるのはむずかしいでしょう。なぜならナレッジは、それぞれ異なる現場の状況に依存するからです。

当社のサイバーマニュアルは違います。これは私たちの体験と知恵から出たもので、普遍的な分析とか普遍的なブレーン・ストーミングのようなやりかたを基本にしていますから、それを別の会社にノウハウとして、企業文化と切り離してお渡しすることができるのです。

私たちの目的は、お客様が元気を回復したり持続するようお助けすることです。そのためにはそれぞれの企業が自社の状況のなかで、ビジネス、業務、作業を最適化する努力が必要です。他社のやり方を学習するだけでは、ナレッジはできてきません。

あの会社とは文化が違うから無理だと理由づければ、いつまでたっても「個人知の集団知化」は起きません。文化が違っても、やろうと思ったらやればいいのです。そのうちに企業文化も変わってくるでしょう。当社でも、「うちではできない」ということはいまでもたくさんあるのです。

戦略的に考える、戦略的に行動するなどはとても出来る企業ではありませんでした。しかし私たちは、会社はこうあるべきだといったなかで、やると決めたことをやっていくと少しづつできる様になって行きました。これが知識の移転と共有と蓄積の始まりでした。ブレーン・ストーミングを通じて分解しているわけですから、分解してみてやれることからやってみるわけです。

そして、次の年になって達成できなかった業績や完成できなかった計画に対する評価や指摘も、次年度につながる戦略課題や業務課題として分解された表現になってきました。そのなかで一〇〇点満点のうちの一〇点ぐらいをやってみる。だからこれは一年や二年ではできないけど五年ぐらいかかると、かなりやっていることになります。

これじゃだめだ、こうならなければということは、やり続けることが肝心です。ですから、自分の会社ではナレッジマネジメントはできてないけど、他の会社はなんでできているんですかというのは、やっているかやってないかの違いでしょう。

やりたいと思ったことは何でもやってみるということ。間違いだと思ったらやめる。だけどやりたいと思って、それが間違いではなければ続ける。

単純なことではありますが、人間個人の生き方のなかでも、それから企業でも、やりたいと思ったらやればいい。失敗してもやめない。失敗はやめる理由にはならない。間違っていたと思ったらやめればいい。だけどやりたいと思っている以上は続けるべきなのです。

ここ一、二年、オプティマイゼーション経営とは何なのかを話してくれという企業からのご依頼をいただくことが多くなりました。オプティマイゼーション経営……この馴染みのない言葉、そしてわかりにくい話を、なぜ、みなさんが聞きたいとおっしゃるのか。一つには、企業を取り巻く環境が大きく変化しており、これまでの考え方や経営手法では対応できない時代になっているという点があると思います。しかし、ではどうしたらいいのか、この部分の具体的な処方箋がないのです。

このため、ひょっとしたら三技協で実践している「オプティマイゼーション経営」という発想に、企業が生き残るためのヒントがあるという期待をされているのかもしれません。

一方、「まえがき」でも書きましたが、日本国内でも、経営工学や情報工学を専門とする学者の方々にも積極的にお目にかかるようにしてきました。オプティマイゼーション経営という考え方が、専門家の批判に耐えられるものなのかどうか、弱点があるとすればそれは何か、そうしたことを知りたかったのです。

文章の不整合や用語の使用法が間違っているといったご指摘には、そのつど恥ずかしい思いをしましたが、大方のご意見は、多少の社交辞令が含まれているかもしれませんが、「画期的な経営手法として育つ可能性がある」というものでした。

この先も恥をかくことが多いと思いますが、それを覚悟でいろいろな分野の方々にお目にかかって、オプティマイゼーション経営とは何なのかをご説明し、有意義なアドバイスをいただきたいと思っています。

この本を通じてご紹介した私の考え方が、「オプティマイゼーション思考」とでも呼べるような理論体系化した存在となり、さらに多くの企業やエンジニアのお役に立てればと願っています。

これが私のライフワークになっていることに、感謝と喜びでいっぱいです。オプティマイゼーション志向の研究が広く展開されるよう各界の多くの方々に参加を呼びかけたいと思っています。

【著者紹介】
仙石通泰（せんごく　みちやす）
◉――1967年慶應義塾大学商学部卒（在学中、米国サンホセ大学留学）。同年ソニー入社。ソニーコーポレーションオブアメリカ勤務を経てソニープラザ取締役就任。90年三技協取締役就任、92年先代仙石秀男の事業を継承し、三技協代表取締役社長就任。モットーは「楽しくなければ面白くない、面白くなければ楽しくない」。
◉――就任時における赤字体質脱却のため社内企業変身運動を展開。同時に企業内情報通信事業と移動体通信事業の開発・拡大、グローバル化、社内の高度情報武装化、ネットワーク化を推進し、ISO9001・ISO14001、Pマーク認証のほか社内の諸制度、会議体などの改革を推進するとともに、全社員の自立とモチベーション向上をめざして、人事制度改革を進め自ら全社員と対話する「構創塾」を開講している。
◉――社外役職として㈳神奈川経済同友会常任幹事・情報通信委員会委員長、ビジネスプロセス革新協議会副会長、慶應義塾大学情報産業三田会副会長、㈶全日本柔道連盟特別委員など。
<㈱三技協連絡先>
住　所　〒224-0053 神奈川県横浜市都筑区池辺町4509
H　P　http://www.sangikyo.com/jp/
問合せ　info@sangikyo.co.jp

社員《しゃいん》の「1行報告《ぎょうほうこく》」が会社《かいしゃ》を変《か》える　〈検印廃止〉
2007年10月22日　第1刷発行

著　者――仙石通泰 ©
発行者――境　健一郎
発行所――株式会社かんき出版
東京都千代田区麹町4-1-4 西脇ビル　〒102-0083
電話　営業部：03(3262) 8011㈹　総務部：03(3262) 8015㈹
編集部：03(3262) 8012㈹　教育事業部：03(3262) 8014㈹
FAX　03(3234) 4421　振替　00100-2-62304
http://www.kankidirect.com/

DTP――株式会社 虔
印刷所――ベクトル印刷株式会社

ISBN978-4-7612-6471-0 C0034